NOUS DEUX 1947-1997:
APPRENDRE LA LANGUE DU CŒUR

"ACCENT"

NOUS DEUX
1947-1997:
APPRENDRE
LA LANGUE DU CŒUR

Sylvette Giet

PEETERS
VRIN

"ACCENT"

ISBN 90-6831-957-4 (Peeters Leuven)

ISBN 2-87723-351-0 (Peeters France)

D. 1997/0602/67

SOMMAIRE

1. «50 ans d'amour et d'émotion…», 13 mai 1997

I

«FILM MONDIAL PRÉSENTE NOUS DEUX»...

Le 14 mai 1947 commence l'histoire d'un hebdomadaire féminin qui vient s'inscrire dans un champ encore partiellement dévasté par la guerre; l'histoire du fleuron d'un groupe de presse qui ne cessera de prendre de la puissance jusque dans les années 70, et qui perdure aujourd'hui, bien que profondément restructuré.

Cette histoire s'ouvre par une naissance aux forceps, dont les archives du Ministère de l'Information (déposées aux Archives nationales de France) permettent de saisir le déroulement. Dès 1946, l'«*industriel*» François Faure (grand résistant, et fils d'Elie) obtient une autorisation à paraître en faveur de la société Le Film mondial, pour «*un nouveau journal de cinéma, qui se propose d'être public et corporatif*», et se fixe pour objectifs essentiels de guider les producteurs «*dans une voie plus élévée*» et d'être «*une sorte de revue populaire de luxe: populaire parce qu'elle s'adresse aussi bien à l'élite qu'à la midinette; de luxe, parce que la présentation sera très recherchée*». Mais l'autorisation à paraître n'est suivie d'aucune concrétisation de cet ambitieux projet. En avril 1947, deux hommes de la presse féminine et un imprimeur s'adjoignent à lui pour «*mettre au point la sortie de son journal «Le Film mondial»*», et entreprendre les démarches nécessaires auprès de la Commission paritaire. La nouvelle demande précise que «*le journal «Film mondial», dont le but initial était de se ranger dans la presse spécialisée cinématographique, a dû, en face du nombre imposant des concurrents dans sa catégorie, modifier légèrement sa formule, avec le projet d'y revenir par la suite. Il croit bon d'adjoindre, provisoirement, des films en planches dessinées de façon à créer une formule neuve plus spécialement basée sur la fiction»*; à nouveau projet, nouveau titre: puisque «*la formule du journal prévoit une couverture à deux personnes*», ce sera «*Film mondial présente Nous Deux*»». L'autorisation à paraître sera confirmée le 10 mai 1947, soit quatre jours tout juste avant le premier numéro de ce nouvel hebdomadaire.

Ce quatuor, vite rejoint par un autre grand résistant, dissimule un éditeur qui commença sa carrière française en 1932 avec des illustrés pour enfants, mais qui, d'origine étrangère et ayant continué à publier pendant l'occupation, ne peut apparaître nommément. Les Editions Mondiales (fondées en 1936 par Cino [alias Pacifico] del Duca) reviennent ainsi par la petite porte dans le monde de l'édition française.

A quoi ressemble ce nouveau-né? Sa «différence» s'affirme dès la page de couverture et son titre. Et le feuilletage du premier numéro permet déjà de placer quelques jalons pour comprendre un succès quasi-immédiat, et une conséquente longévité...

Ex-futur journal de cinéma, *Nous Deux* ne tardera pas à être intégré dans le champ de la presse féminine, champ caractérisé comme tel par la disproportion des hommes et des femmes dans le lectorat, mais aussi et surtout par la visée des journaux et la nature de leurs rubriques, consacrées pour l'essentiel aux tâches et goûts considérés comme féminins. Dès ses débuts la presse féminine commerciale s'est affirmée telle dans ses titres; sur la plupart de ses couvertures — qui isolent presque toutes un visage de femme (parfois une silhouette), sur un fond peu défini — le monde féminin apparaît d'ailleurs fermé sur lui-même. Or c'est le couple qu'affirme *Nous Deux*, par son titre même, dont la graphie anglaise affiche la familiarité avec les lecteurs. S'agit-il du

discours du magazine appellant au dialogue? Du discours
supposé d'une lectrice évoquant son intimité avec un conjoint?
Voire du dialogue supposé entre la lectrice et son compagnon?
Nous Deux se substitue-t-il aux lecteurs pour exprimer leurs
aspirations, ou leur offrir un semblant de couple? Dans tous
les cas, il expose un rapport affectif, en installe un entre eux
et lui; et l'on peut considérer cette affirmation comme un véritable programme.

Rien d'étonnant en ces temps de misère (matérielle) de la
presse que la couverture soit un dessin. Mais la thématique
et l'esthétique de ce dessin sont en revanche tout à fait originales: un couple en gondole au premier plan sur un fond
vénitien, un décor à bords perdus extrèmement précis; l'aqua-
relle et la subtilité de ses couleurs chaudes donnent l'illusion
du volume. La plastique des personnages fait visiblement
référence au cinéma hollywoodien et à ses affiches. Le cinéma,
qui aurait dû être l'objet même de l'hebdomadaire, est donc
bien là, de façon biaisée... Ce dessin, non signé, est l'œuvre
de Walter Molino, dessinateur de presse depuis les années
trente (on prétend qu'il fut le caricaturiste préféré de Mus-
solini), créateur de bandes dessinées, et illustrateur notamment dans la presse italienne des frères del Duca.

Sur cette page au dessin précis et complexe, tout concourt
à guider le regard du lecteur et à animer la scène: la construction en diagonales du premier plan (sur un fond d'horizon-
tales et de verticales), les personnages pour partie hors cadre,
et même le jeu des rayures vestimentaires et des reflets.
Le couple couché au fond de la gondole est un couple oisif,
et sa richesse est évoquée par le sportswear, la discrétion de
l'accord des couleurs à peine rompu par des bijoux ou une
écharpe, bref, par l'élégance, en contraste avec le costume du
gondolier.

Lieu de rêve «exotique», Venise est aussi lieu de sensualité,
et, si le couple n'a pas une attitude explicitement érotique,

l'image n'en porte pas moins une forte charge fantasmatique. L'heure y concourt, l'alliance subtile de couleurs chaudes et de violet, l'élément liquide — qu'il est d'usage d'associer symboliquement à la femme, au passage et à l'initiation — voire la présence discrète du feu (une cigarette au bout des doigts de l'homme). Tout le dessin converge vers le couple, et l'arc double dessiné par la gondole enclot ce couple enlacé dans une double possession qui encadre tout particulièrement la poitrine féminine; le jeu des plis et des drapés met discrètement en valeur d'autres attributs plus érotiques encore. Où la gondole mène-t-elle le couple, dans un silence — aucun ne parle ni ne chante — accordé à l'atmosphère onirique? En tout cas le regard bienveillant du gondolier semble être la permission qui accompagne cet amour juvénile.

«Réalisme fantasmatique», pourrait-on dire, qui est une absolue nouveauté en France en 1947 (et qui ne tardera pas à être imité, avec plus ou moins de bonheur, par divers épigones).

Et passée la couverture, c'est le magazine tout entier qui apparaît construit sur une thématique unique, le sentimental, et sur une unique dimension, la fiction. *Nous Deux* est d'ailleurs provisoirement sur-titré *Romance*, et présente une série de récits sentimentaux; et en dehors d'eux, rien d'autre qu'un horoscope en quatrième de couverture, «Le courrier des astres».

Mais cette unicité profonde est modulée selon des genres nettement délimités, qui posent clairement leur contrat de lecture.

Nous Deux est sous-titré «*l'hebdomadaire du roman dessiné*», annonçant ainsi la fameuse «*formule neuve plus spécialement basée sur la fiction*», ces «*films en planches dessinées*» évoqués dans la demande d'autorisation à paraître. Une formule parfaitement neuve, en effet, que ce type de bande dessinée au lavis d'esthétique hollywoodienne, qui, comme la couverture, rend hommage au cinéma triomphant. Ces feuilletons dessinés constituent pratiquement les deux tiers de la surface du nouveau magazine. Ce genre bien particulier de bande dessinée est en fait apparu en Italie en juin 1946, dans un nouveau magazine, *Grand Hôtel* (dont le nom est emprunté à un film avec Greta Garbo), qui fonde le groupe de presse Universo des frères Alceo et Domenico del Duca; la première couverture de *Grand Hôtel* mettait d'ailleurs en scène le premier «*romanzo a immagini*», «Anime incatenate», comme un film, en dessinant un couple arrêté devant un cinéma censé le projeter.

Cinq pages et demie d'«Ames ensorcelées» ouvrent le premier numéro de *Nous Deux*, et quatre pages des «Sept gouttes d'or» le ferment. Dès les cartouches de titre, le roman dessiné est donné à la fois comme film, voire comme œuvre dessinée (le second est déclaré «*réalisé par Pierre Anicet*» — il s'agit en réalité de Giulio Bertoletti), et comme roman (le premier précise les auteurs du «*grand roman d'amour*» d'origine, souligne leur américanité et même la traduction dudit roman en «*huit langues*»; le second récit est désigné comme «*grand roman par Clarisse Vernet*»).

Le monde du roman dessiné est contrasté et peu banal: «Ames ensorcelées» s'ouvre à Cannes, et à la troisième page le couple fraîchement constitué est successivement montré dans un restaurant de luxe, une automobile décapotable et en montagne; le héros est ingénieur et originaire de New York; l'héroïne fille de sénateur; un des comparses est un certain marquis Rinaldo Spinoza (sic); le récit témoigne aussi d'une attirance pour les marges sociales (la sixième vignette nous emmène ainsi dans une prison de femmes du Mans); toutefois la proximité se mêle à la distance, les parents du héros, François Dumesnil, étaient français et l'héroïne est prénommée Monique. Cet exotisme discrètement présent dans le premier roman dessiné est fil directeur du second: «Les sept gouttes d'or» présente «*de bouleversantes aventures dans le décor féérique et sauvage de l'Inde mystérieuse*»; l'héroïne y est invitée par un Rajah à une chasse au tigre, qui offre l'occasion d'une grande vignette muette, inutile à l'intrigue mais propice à l'évasion exotique: palmiers, troupe d'indiens en turbans, cavaliers anglais coiffés de casques coloniaux, éléphants caparaçonnés; nous pénétrons aussi dans le harem du Rajah, sur la trace d'un mystérieux bijou (les sept gouttes d'or).

Le mélodramatisme commande ainsi l'essentiel de ces romans dessinés. Au même titre que le modèle cinématographique, il régit la plastique des personnages. La gestuelle montre les actions juste avant leur paroxysme ou juste après, et appelle donc le lecteur à combler les ellipses de la représentation, à créer lui-même le mouvement. L'émotivité est présente aussi dans l'expressivité des visages, variée, renforcée bien sûr pour être lisible, mais sans les simplifications de la bande dessinée au trait. Ce mélodramatisme anime également la mise en page: celle-ci respecte le sens de la lecture orthographique, mais les vignettes ne dessinent pas de lignes strictes, empruntent tous les plans, tous les formats et toutes les formes; parfois même un personnage sort de son cadre. Disposition extrèmement libre, et extrèmement originale si on la compare à l'ordinaire de la bande dessinée de l'immédiat après-guerre.

Au style excessif de l'image répond celui du texte manuscrit, dialogue intégré dans la vignette ou commentaire la surmontant en «voix off». Ainsi l'amour entre Monique et François est décrit comme se développant «*à rythme vertigineux*», un de ces amours qui «*brûlent les étapes*». Le dialogue amoureux se fait alors lyrique, cosmique même: «*La vitesse me grise comme ton amour... Nous irons jusqu'aux étoiles!*», «*quel paradis ici! Je me sens si heureuse que j'en ai presque peur...*». Quant à la dernière vignette («*Brisé par la douleur et par le dégoût, François s'en va. Sa démarche est celle d'un somnambule*»)... De même dans «Les sept gouttes d'or»: en quatre pages, quatre «*mon amour*», deux «*mon trésor*» ou «*ma chérie*», un «*adorable*» et même «*ma fête à moi c'est toi*», mais aussi «*mon dieu*», «*au secours*», «*à l'aide*»... L'excès d'émotivité du style est de plus renforcé par une ponctuation surabondante et expressive.

Image et texte sont complémentaires dans ce système narratif. Celui-ci est abondant, chargé d'assurer la cohérence des épisodes, de combler une ellipse, d'élucider pensées et sentiments; le dialogue est pratiquement toujours présent. Le récit a clairement une origine littéraire, et le dessin l'illustre. Toutefois il n'y a pas de rupture esthétique entre le dessin et le texte puisque tout est tracé à la main (le lettrage est d'ailleurs assuré par des dessinateurs stagiaires, selon le témoignage de l'un d'entre eux). Et si le dessin est l'illustration d'un texte originel, il joue un grand rôle évocateur voire fantasmatique. Le premier récit s'ouvre ainsi sur l'eau, et l'on retrouve cet élément hautement symbolique déjà présent en couverture. Les gestes du couple (et la disposition des rames) incitent même à une lecture quasi-érotique... De même le dessin confère-t-il aux deux vignettes représentant une prison de femmes un caractère sinistre et étouffant tout à fait caractéristique de cet enfer que les héros doivent souvent traverser. Plus généralement, les dessinateurs rétractent le temps de l'action et dilatent celui des scènes amoureuses: six vignettes pour une rencontre à Cannes et un baiser (non représenté), mais deux pour un emprisonnement prolongé; une page entière pour le don d'une gazelle...; à cet égard les quatre premières vignettes de la troisième page d'«Ames ensorcelées» sont tout à fait remarquables: peu utiles au déroulement du récit, elles présentent un échantillon des archétypes de la rencontre en des lieux de rêve, ce que souligne le dialogue («*nous irons jusqu'aux étoiles*», «*quel paradis*», «*je ne pense pas, je rêve*»), aussi bien que la disposition oblique des dessins.

On retrouve ainsi dans le roman dessiné l'accord entre le réalisme et le fantasmatique. Car il peut mettre en scène l'histoire récente («Ames ensorcelées» est explicitement situé à l'approche de la guerre) et la modernité technique (ainsi François est un ingénieur, directeur technique d'une fabrique d'appareils radiophoniques). Cet éventuel modernisme s'accorde pourtant à une intrigue utilisant des rebondissements traditionnels dans la littérature populaire, et particulièrement les obstacles séparant le couple idéal afin de retarder son accomplissement ultime.

Les «pattes» des créateurs sont parfaitement identifiables, et Bertoletti, s'il aime, comme Molino, souligner la plastique de ses protagonistes, et particulièrement la luxuriance des chevelures féminines, insiste moins sur la dimension érotique, et prend visiblement un grand plaisir à planter des décors, à représenter des personnages étranges, et surtout à animer ses scènes d'un mouvement véritablement baroque; ainsi l'entrée des troupes anglaises dans le harem lui permet de tordre les corps en une spirale du plus bel effet, soulignée qu'elle est par des effets de draperie et un envol de colombes. Son jeu plus complexe d'ombres et de lumière est particulièrement adapté à l'expression de l'émotivité. Mais au delà des nuances, le fonctionnement général est le même, celui d'un genre esthétiquement homogène (un seul outil, le crayon) construit à partir des héritages de la culture populaire, capable pourtant de représenter la modernité ambiante, et manifestement démarqué de la représentation cinématographique (hollywodienne). Ainsi, dès ses premiers épisodes, le roman dessiné apparaît comme une synthése originale entre la volonté de modernité et l'héritage de formes et de modes de narration déjà éprouvés.

En dehors de ce genre nouveau, *Nous Deux* ne fait que reprendre des genres apparus plus tôt dans la presse française «populaire».

Premier d'entre eux, ancré dans une tradition séculaire, le feuilleton. Lucienne Royer (le pseudonyme dissimule Luciana Peverelli, qui dès la fin des années vingt fut la cheville ouvrière du premier succès des frères del Duca, en les fournissant en romans à colporter, et gagna semble-t-il fortune et notoriété italienne en rédigeant les scénarios concoctés par Pacifico lui-même [BROMBERGER 1954]) signe un «Toi ma folie» qui joue d'un côté la familiarité: consonance bien française du nom de l'écrivain (cf. la chanteuse Lucienne Boyer?), graphie manuscrite du titre, tutoiement qui semble répondre au titre du journal (le «toi» de «nous deux», en somme), prénom des héros, Christiane et Bernard. Ce feuilleton joue aussi sur bien le mélodramatisme: le terme *«folie»* annonce le thème de l'amour passion volontiers destructeur; l'illustration en deuxième page — l'héroïne y apparaît décoiffée et les yeux exorbités — confirme cette folie (elle accroît aussi la cohérence esthétique du magazine puisque, de la main — anonyme — du dessinateur de fait divers Rino Ferrari, elle relève de la même technique et de la même esthétique que roman dessiné et couverture).

Ce roman semble s'être fixé pour règle de saisir immédiatement son lecteur: le récit commence «in medias res»; dès les premières lignes, chaque situation est redoublée. Cette redondance nous place à nouveau dans l'esthétique mélodramatique, comme l'exagération des sentiments (*«elle savait que son cœur pouvait se briser si elle sortait (...) de cette inertie et de cet hébètement»* par exemple), les comparaisons outrées (*«elle se terrait comme une bête blessée dans cette apathie qui endormait un peu sa douleur»*), les oppositions marquées de personnages, les personnalités touchantes (la maîtresse mourante; la fillette porteuse d'espoir). L'épisode se clôt, après deux pages de désespérance, sur l'annonce que le héros soi-disant mort a survécu: *«Mais pourquoi mourir? gazouilla l'enfant. Je suis justement venue pour te dire qu'on a retrouvé Bernard!»*, et on appréciera ici, comme dans les romans dessinés, l'art d'interrompre un récit au moment crucial du retournement d'une situation.

L'intitulé générique de ce feuilleton, «*grand roman d'amour*»,
ne laisse aucune ambiguïté sur le contenu et explicite le
contrat de lecture; avant même d'avoir découvert la première
ligne, le lecteur s'attend à un certain type d'intrigue; la présentation de l'héroïne touchante dans sa détresse et du héros
mort puis ressuscité n'est qu'une confirmation: il s'agit bien
du récit des obstacles qui retarderont la réunion d'un couple.
Les obstacles canoniques du récit sentimental sont d'ailleurs
ici tous présents. La famille (la mère du héros disparu hau-
taine et possessive, la sœur de l'héroïne, institutrice sèche de
cœur); plus largement, le monde et ses oppositions sociales;
la passion est en effet un monde clos qui échappe au quotidien (c'est pourquoi une institutrice ne peut en comprendre
les lois, chargée qu'elle est d'assurer la transmission de l'ordre
social). Mais un autre obstacle à cet amour vient de l'amour
même, de la jalousie, déclarée excessive, de Bernard; Christiane lui oppose un amour-don absolu, qui lui fait négliger
les conventions; un amour-don excessif, proche de l'abandon.
Le roman semble valoriser, au nom de l'amour, cette jeune
femme qui vit avec un homme sans l'avoir épousé; mais
l'héroïne fait le choix du rêve aux dépens de l'ordinaire. Martine l'institutrice porte sur l'histoire de sa sœur un regard
trivial («*ce vaurien a séduit ma sœur, l'a abandonnée ici, comme
un chien*») mais impuissant, et elle ne tarde pas à repartir:
«*quand elle fut partie, elles respirèrent mieux. Le froid bon sens
avait quitté cette chambre qui n'était habitée que par le romantisme et l'amour*». La leçon est donnée par Josette, une des
camarades de Christiane: «*Il y a des gens comme vous et moi,
qui vivons notre petite vie bien réglée; et puis il y a ceux qui
s'efforcent d'y ajouter quelque chose de différent, un souffle d'au-
dace et d'émotion*». Et un mode de lecture nous est indiqué
dès l'entrée, à travers les réactions des camarades de Christiane: «*Ce drame d'amour les faisait pleurer, les exaltait, et en
même temps leur donnait une sorte de plaisir malsain, comme*

les drames d'amour qu'elles voyaient au cinéma». C'est donc à une transgression — malsaine mais délicieuse — des règles de la vie ordinaire que sont conviés les lecteurs. Mais à une transgression provisoire. Car l'amour passion n'est que transitoire. Bernard, revenu d'entre les morts, sombrera finalement dans la folie puis dans la mort, et Christiane, bien plus tard encore, connaîtra la promesse d'un bonheur paisible... Conclusion apparemment paradoxale d'un roman d'abord dévolu à l'exaltation de la passion, qui annonce une dialectique toujours en jeu dans le magazine, et la tranche par l'amère victoire de la raison.

«Sans défense!» offre un deuxième genre narratif écrit, l'«*histoire vécue*», courte nouvelle (deux pages comprenant une illustration) qui se présente comme une confession. *Nous Deux* emprunte ici le genre phare du magazine *Confidences*, qui dès 1938 importa en France avec un succès considérable les «true stories» nées quelque temps plus tôt dans les magazines féminins populaires nord-américains. Dans ce premier numéro les règles du genre sont explicitées: «*Ceci n'est pas une nouvelle, mais la narration d'évènements qui se sont réellement produits. La protagoniste l'a écrite elle-même, en se servant, pour des raisons évidentes, d'un nom d'emprunt*». Toute la nouvelle se présente en effet comme une confession à la première personne; la narratrice est simplement désignée par un prénom, ce qui accroît l'effet de proximité. Le récit est mené avec le classique système passé simple/ imparfait, mais il est régulièrement interrompu par le discours de la narratrice qui commente les épisodes essentiels. Le texte est par ailleurs entrecoupé d'intertitres qui fonctionnent comme des titres d'épisodes, et peuvent faire comprendre au lecteur inexpérimenté qu'il trouvera ici le «digest» d'un long récit dont chaque élément aura été resserré.

Il s'agit une fois encore d'un récit centré sur l'émotion. Le titre notamment, avec sa graphie agressive, proche du graffiti, sa ponctuation expressive. L'excès stylistique ou celui de la ponctuation semblent toutefois réservés à l'évocation de la jalousie, du drame et de la rupture. En revanche les étapes essentielles du récit proprement sentimental, la rencontre et la reconstitution du couple au dénouement sont rendus avec simplicité («*il me dit que j'étais charmante et j'en fus émue*»/ «*John avait tous les charmes imaginables... et il était bon, généreux, tendre. Je l'aimais profondément*»).

Même dans les moments paroxystiques les phrases restent fort courtes. L'émotion est créée avec une certaine économie de moyens, en même temps que l'histoire vécue offre une image retenue de l'amour. Un des objectifs semble être ici l'évocation du quotidien: le récit est ancré dans le passé immédiat (au moment de la Libération), le héros bien qu'étranger porte un prénom des plus ordinaires (John); née dans un immeuble industrieux et populeux, devenue ouvrière à quinze ans, l'héroïne présente au lecteur un miroir du quotidien, et un miroir positif: «*une enfance qui bien qu'elle se fût passée dans un milieu que je n'hésite pas à nommer pauvre fut vraiment heureuse*» (même si les restrictions semblent indiquer une certaine réticence). Marie-Anne sort de ce milieu par des moyens accessibles (des cours du soir) puis par un mariage plausible (avec un G.I.) qui l'arrache à la France et donc à son immeuble natal: dans cette nouvelle l'exotisme social est dissimulé sous les couleurs de l'exotisme géographique, comme si seul il eût été du domaine du rêve hors de portée.

La nouvelle est construite sur un apprentissage: à son terme, Marie-Anne aura appris à relativiser sa vison du monde. Mais le mode de vie américain n'est ici qu'un obstacle comme un autre; l'essentiel, c'est que Marie-Anne apprenne à dépasser sa jalousie, comme le montre l'épilogue «*et le soir même, je promis solennellement de ne jamais plus céder à la funeste influence de la jalousie. Est-ce que j'y réussirai?*». La visée de cette parabole est éthique et non ethnologique, son univers se ferme sur l'aire familiale, et essentiellement sur le couple.

Le récit se centre sur l'évocation d'un obstacle à la réalisation du couple, la jalousie, et un seul; c'est bien entendu tout à fait adapté à sa dimension même. L'excès stylistique est réservé à son évocation, et lui seul conduit au drame, qui se déroule selon une logique de la punition immédiate: croyant rencontrer son mari et la deuxième femme de son beau-père, Marie-Anne lâche la main de l'enfant dont elle est chargée pour les suivre; l'enfant (le fils de cette belle-mère haïe) est immédiatement enlevé, Marie-Anne mise au ban de la famille, et renvoyée en France. La logique de ce récit se rapproche donc de celle du conte, et son déroulement de celui d'une initiation: l'apprentissage de Marie-Anne s'accomplit grâce à un double déplacement dans l'espace, et peut même se lire comme un passage par la mort («*J'étais comme morte*», confie-elle à propos de sa «*punition*»), son éducation se fait par la souffrance («*J'ai voulu que tu souffres un peu pour apprendre à n'être plus aussi ridiculement jalouse*» assure John à sa femme quand il revient la chercher à l'issue de ses épreuves). A quel amour s'agit-il d'accéder au terme de ce parcours? La passion est clairement condamnée («*passionnée comme je suis*» dit Marie-Anne pour présenter sa funeste jalousie), et John n'est pas choisi pour sa beauté ou son charme troublant mais pour de solides qualités: «*robuste*», «*mâle, bon, généreux, gai*»... Amour du quotidien, donc, qui couronne un apprentissage du réel.

Le premier numéro de *Nous Deux* présente également un troisième récit écrit, «Le journal d'une épouse», qui semble tenter la synthèse entre le grand roman d'amour et l'histoire vécue. Il affiche les signes essentiels de celle-ci: ce «*journal authentique, tenu par une jeune dame de Bordeaux*» est «*tombé entre les mains de l'écrivain Elizabeth Ford, notre excellente collaboratrice*». Le cartouche de titre décrit le mode de production du texte («*l'écrivain... après avoir amélioré la forme par endroits, nous a conseillé de le publier*»), et surtout le mode de lecture, centré sur une dimension éthique: «*il pourra servir d'avertissement à bien des jeunes femmes qui se trouvent, sans préparation suffisante, devant la vie conjugale, et qui souvent se débattent parmi les tentations et les dangers sans trouver le courage de se confier à ceux qui pourraient les éclairer et les consoler*». On est bien loin ici du mode de lecture décrit dans le grand roman d'amour. «Le journal d'une épouse» emprunte encore à l'histoire vécue en fractionnant le récit par un intertitre, en utilisant la première personne, en présentant la narratrice en ouverture, et en se construisant sur l'opposition du discours au présent et du récit au passé. Il oppose d'ailleurs deux hommes et deux femmes; d'un côté le rêve, à travers Georges, homme du corps et de la parole, amant désiré mais infidèle, instable par nature avec «*son regard chargé de reflets verts comme ceux d'une mer perpétuellement assombrie par le passage du vent*», et à travers Hélène, elle aussi sous les couleurs de l'exceptionnel et de la perfection non naturelle, «*très élégante, avec de longs yeux presque violets, une chevelure cuivrée, un corps d'une perfection de statue*»; de l'autre, le quotidien, celui du mari, ancré dans la vie sociale (chirurgien), dans la chronologie et dans l'Histoire (prisonnier de guerre), homme de l'écrit (il épouse sa marraine de guerre) doué «*d'une manière d'écrire franche et virile*». Dès l'avertissement initial, il est clair que la narratrice, Jacqueline, devra accepter le réel: elle devra comprendre que ce Georges idéal est hors de sa portée, et donc se connaître elle-même comme femme du quotidien.

L'intrigue du «Journal d'une épouse» reprend nettement la logique éthique de l'histoire vécue. Mais ce feuilleton (court), non anonyme, valorisé par une prétendue origine américaine se rapproche stylistiquement du roman-feuilleton, et notamment par la structure et la longueur de ses phrases.

Alors que l'histoire vécue s'en tient en somme à un «degré zéro», appliquant au plus juste la norme de l'école primaire, le feuilleton (avec des moyens certes limités) se pare d'une écriture à la recherche d'effets de style. On voit donc apparaître un système d'opposition entre effets de littérarité et effets de «naturalité» qui confirme ce qu'affirmait la dénomination des genres, l'opposition entre l'histoire authentifiée par la «vraie» vie, et le roman rapporté à un auteur. Quant à cette tentative de synthèse, elle demeurera un cas d'espèce, et très vite le magazine les juxtaposera sans plus tenter de les mêler.

Dès les premières pages de *Nous Deux* apparaissent donc, mises en œuvre dans les différents genres, deux dimensions fondamentales de la fiction sentimentale, l'opposition entre l'amour et le monde, et celle du rêve et du réel. Les divers genres narratifs se rejoignent là, autant qu'ils s'y différencient en construisant ces oppositions avec des moyens spécifiques. Le jeu de l'unicité et de la différenciation est assuré par celui de plusieurs dialectiques, qui ne se recouvrent pas et assurent par là la richesse du dispositif: dialectique entre les effets de modernité (et d'abord l'influence du cinéma américain) et l'héritage de diverses traditions; dialectique entre les effets de proximité et l'exotisme; dialectique encore entre l'appel au fantasme (et notamment à la sensualité) et la volonté de réalisme, voire de transparence; dialectique enfin entre les jeux esthétiques et la volonté éthique affirmée. Cette identité conquérante semble ainsi tenir à une forme en grande partie originale dans le champ français, à une esthétique complexe, et à une axiomatique certes balisée, mais essentielle puisqu'elle touche à la constitution de la famille et à la formation de la jeunesse.

Grandement original dans l'univers de la presse française, *Nous Deux* n'est toutefois, à la première et quatrième de couverture près, que la réimpression dans un format un plus restreint des flans du premier numéro du *Grand Hôtel* des frères Alceo et Domenico del Duca (dès le 29 mai une plainte à ce propos est d'ailleurs déposée auprès du chargé de mission qui s'occupe des autorisations à paraître. En pure perte).

Dans le détail, on constate de menues différences entre les deux magazines, qui montrent le travail accompli pour «franciser» l'original italien: traduction des toponymes et anthroponymes (qui fait par exemple de Gioia une Christiane ou de Savone Le Mans), modification ou disparition des noms des auteurs (des noms qu'on reverra d'ailleurs dans *Nous Deux* en signature des futurs feuilletons, comme Wanda Bonta, Elisa Trapani, et Luciana Peverelli), ou des dessinateurs (Bertoletti, et Rino Ferrari. Le nom de Molino n'apparaît nulle part — parce qu'il était compromis dans l'aventure mussolinienne?). Dans *Grand Hôtel*, en accord avec l'esthétique mimétique, l'histoire vécue est illustrée d'une photographie; il est probable que *Nous Deux* utilise un dessin — en réalité la reprise tronquée de la couverture du premier numéro de *Grand Hôtel* — par faiblesse matérielle, car très vite la photographie y apparaîtra pour illustrer les nouvelles. Les différences s'affichent essentiellement en première et quatrième de couverture. *Nous Deux* utilise ici le dessin de couverture du n° 11 de *Grand Hôtel*, en en modifiant l'originelle tonalité bleutée. Et dans *Grand Hôtel*, pas d'horoscope, mais un courrier des lecteurs (qui ne tardera pas à prendre place dans *Nous Deux*).

Une naissance obscure, donc, et une identité qui prête à controverses en même temps qu'elle repose sur des éléments forts. Rien ne semble au demeurant pouvoir entraver la marche du nouvel hebdomadaire, qui ne cesse au cours des mois d'absorber les titres en deshérence les plus divers, afin de répondre à la demande des lecteurs par de nouvelles attributions de papier; selon l'OJD, le tirage de *Nous Deux* atteint 300 000 exemplaires dès octobre, pratiquement 700 000 en mai 1948; en 1950, il est le magazine féminin le plus vendu en France; il dépasse le million en 1951, 1 500 000 dès 1954. Et combien de titres de presse français sont aujourd'hui en passe de fêter leur jubilé? On peut comparer les listes de «*publications pour la femme*» des *Annuaire de la presse* de 1947, de 1949 (l'année où une notice consacrée à *Nous Deux* apparaît), et de ces dernières années. En 1947, 22 notices; en 1949, 34; outre *Nous Deux*, ne demeurent vivants aujourd'hui que *Elle*, *Intimité* (mais le titre actuel n'a plus rien à voir avec ce qu'il fut), *Marie-France* (avec quels aléas lui aussi...), *Vogue*, *Votre Beauté* (outre *Marie-Claire*, qui réapparaîtra en 1955, et un grand ancêtre, *La Veillée des chaumières*, classé ailleurs).

II

UN ÉTRANGE MONSTRE...

L'objet est original dans le champ de la presse féminine de 1947. Et paré aujourd'hui d'un charme nostalgique. Mais est-il pour autant justiciable d'une étude approfondie?

Il a certes un sens fort pour une lectrice autrefois «naturelle» que les hasards du parcours biographique ont mené au statut de chercheur et pour qui il fut un des signes tangibles de la rupture avec la petite enfance, un trésor d'abord interdit, puis enfin accessible, pour qui il demeure un lien avec sa culture d'origine. Mais en quoi importe-t-il à la communauté scientifique?

Car ce «phénomène» de la presse d'après-guerre est monstrueux au regard de toute légitimité culturelle.

En tant que produit de presse, il se situe clairement hors du politique, comme pratiquement toute la «presse féminine»; celle-ci est d'ailleurs presqu'absente des diverses histoires de la presse, et toujours traitée dans un développement séparé. A l'intérieur même de la presse considérée comme féminine, la «presse du cœur» où *Nous Deux* est toujours classé est marginalisée, et condamnée par la place qu'elle accorde à la fiction — qui plus est sentimentale; dans certains répertoires, elle n'est pas même intégrée à l'ensemble féminin; dans les études plus étoffées, elle est rapidement liquidée et cantonnée dans une section à part.

Les consommateurs n'emploient guère le terme même de «presse du cœur», ni les producteurs — *Nous Deux* s'est lui-même sous-titré comme «*le plus fort tirage de la presse familiale*» de 1963 à 1986, en même temps qu'«*hebdomadaire*

qui porte bonheur» de 1950 à 1981, et n'a entériné que briè-
vement son appartenance à ce segment en se sur-titrant
«*Romance*» en 1947, en se désignant comme «*l'hebdo couleur
cœur*» en 1986 et 1987. Née dans le contexte polémique de
lutte pour la moralisation et/ou la conscientisation de la
presse (notamment enfantine et féminine) de l'après-guerre,
l'étiquette «presse du cœur» fut d'abord une arme destinée
à priver certains périodiques du statut d'organe de presse.
Dès 1948, les publications catholiques ouvraient la lutte
contre une «presse du cœur» accusée de démoraliser (au sens
fort) les femmes et les jeunes filles du peuple, et de les inciter aux rêveries les plus dangereuses. Cette critique fut vite
reprise par la gauche communiste et le mouvement rationaliste (ainsi l'Union rationaliste diffuse-t-elle le 23/5/1954 sur
les ondes de la radio nationale «La presse du cœur, défi à la
raison», causerie de Marcelle Auclair -elle qui dans l'immédiat avant-guerre introduisit le courrier du cœur dans la presse
française, par l'intermédiaire de *Marie-Claire*). En décembre
1951, la Ligue pour la dignité de la presse féminine allie
journalistes et patrons de presse, mouvements chrétiens de
toutes obédiences, rationalistes et communistes, sous la hou-
lette de Marcelle Auclair, avant de céder en avril 1952 aux
dissensions inévitables de ces temps de guerre froide. Cette
capacité à «*réconcilier ceux qui s'ordinaire s'excommunient
mutuellement*» établit d'ailleurs une remarquable continuité
entre critiques du roman populaire ou du «mauvais livre» et
de la presse du cœur (cf. VAREILLE 1994, p. 13). Le mouvement
sera ensuite repris et amplifié par le patron de presse André
Berthet qui, à la fin des années cinquante, se lance dans la
lutte contre «*la presse du cœur, du sexe et du crime*», en appelant au législateur, et même au Pape (Jean XXIII condamne
effectivement «*urbi et orbi*» la presse «*à sensation*», «*romancée*»,
«*du cœur*», de «*sexe*» et du «*sang à la une*» en décembre 1959)
... avant qu'en septembre 1961 l'ensemble de ses publications

soit racheté par del Duca lui-même... La critique de la presse du cœur sera dès lors relayée par les mouvement féministes, et par la Critique et l'Université, mais resurgira sporadiquement dans la presse jusque dans les années 80.

En tant que produit culturel, le magazine phare des Editions Mondiales concentre également tous les discrédits. C'est un objet fugace, aisément détruit, inscrit a priori dans une logique de flot. Il se donne comme outil d'évasion et de divertissement, alors que sont valorisées l'action sur le monde et la conscience (douloureuse). Il est fondé sur la fiction et l'image, deux suppports «sensibles» depuis Platon et Byzance; fondé surtout sur le sentimental, une thématique aujourd'hui aisément méprisée. La narration sentimentale qui fait sa spécificité est construite sur la répétition et le stéréotype, dans un univers culturel qui privilégie l'originalité depuis la révolution romantique et la constitution d'un champ culturel se revendiquant comme autonome (cf. BOURDIEU 1992). Tout montre qu'il est majoritairement produit et reçu dans une certaine indifférence à l'esthétisme, alors que la conscience et la recherche formelles sont au cœur de la démarche culturelle valorisée. C'est aussi un objet mercantile, quand la légitimité culturelle s'accompagne de l'euphémisation des conditions matérielles de la création intellectuelle. C'est enfin un produit considéré comme réservé aux parts les plus aisément méprisées du public: sa destination féminine lui donne ses caractéristiques essentielles, et détermine en partie sa place dans le champ culturel; il est considéré comme «populaire» (voir par exemple les trois segments de la presse féminine déterminés par Evelyne Sullerot — moderne / pratique / populaire [SULLEROT 1971]); il touche grandement la province.

Un objet monstrueux, en effet. Et qui pose quelques questions simples, mais peut-être pas sans intérêt...

Des questions nées d'un double constat — le succès initial de *Nous Deux* et son lent déclin aujourd'hui; le considérable écart entre ce qu'il contient, la façon dont son public semble le lire et le vivre, et l'appréhension qui en est faite de l'extérieur. Nées aussi de l'influence de deux ouvrages fondateurs, *La Culture du pauvre* de Richard Hoggart (HOGGART 1970), et *L'Invention du quotidien* de Michel de Certeau (CERTEAU 1980). Et dont le «point de fuite» serait une nouvelle question: dans quelle mesure le mépris pour l'objet se renforce-t-il du rejet d'un public, d'un mode d'appréhension culturelle qui emprunte d'autre voies que les modes légitimes, voire en procède-t-il?

Comment penser ces «*plaisirs ordinaires*» (cf. MATTELART 1986, p. 183)? Cela appelle une position particulière du chercheur. Face à un objet méprisé, en somme repoussé dans les limbes de la sauvagerie et de l'impensable, il est nécessaire de poser au moins dans un premier temps que ce qui est dit là relève d'un système cohérent dont il faut chercher la raison. Une position qui relève du «*relativisme culturel*», de la «*justice descriptive, qui consiste à créditer les cultures populaires du droit d'avoir leur sens propre*», et donc impose de «*les prendre au sérieux en tant que cultures, c'est-à-dire de commencer par le commencement: l'apprentissage de la langue dans laquelle elles disent ce qu'elles ont à dire, quand on parvient à oublier ce qui se dit sur elles dans une autre langue*» (GRIGNON et PASSERON 1989, p. 67). Une position qui conduit à penser, sans occulter les rapports de force, la coexistence de plusieurs «idiomes culturels» dans une même société.

La construction d'un modèle de lecture où le contenu de la presse du cœur puisse faire sens et système impose ainsi de faire le point sur les conditions de sa lecture, celle de ses consommateurs «ordinaires» comme celle du chercheur.

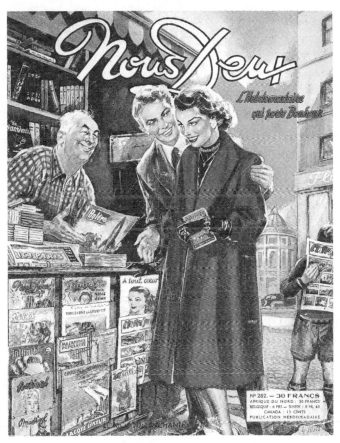

2. Lire la presse du cœur:
«Le kiosque enchanté», novembre 1952

III

LIRE LA PRESSE DU CŒUR

III.1. *La place du lecteur*

Les structures de pouvoir qui surplombent la rencontre entre la presse du cœur et son lecteur pèsent en effet aussi sur la démarche scientifique ou critique. L'«*imaginaire de la lecture*» (cf. CHARTIER-HEBRARD 1986) populaire et/ou féminine est ainsi généralement construit comme envers de la lecture lettrée, et présuppose que le contenu de textes stéréotypés passe intégralement dans l'esprit du lecteur en même temps qu'il le reflète; le chercheur ou le critique est alors justifié de bâtir tout un travail d'interprétation à partir d'un corpus réduit; il peut d'un même mouvement en déduire les effets immanquablement provoqués. Cet imaginaire fonde sa démarche, la construit aussi comme seule apte à comprendre la vérité d'un contenu sur lequel le lecteur ordinaire, faute de savoir adopter la distance propre à la lecture critique, ne saurait que s'aveugler. Même dans les articles étoffés et les —rares — ouvrages consacrés d'une façon ou d'une autre à la presse du cœur, le corpus envisagé ne dépasse jamais quelques dizaines de textes. Et, pour reprendre les mots de Bruno Péquignot, qui constate le même phénomène à propos des romans sentimentaux du type Harlequin, «*ce manque de rigueur est en lui-même un symptôme et permet sans doute de bien définir le statut social assigné à cette littérature*» (PEQUIGNOT 1991, p. 9).

Mais, si on pose pour cet objet le principe «bourdieusien», «*une œuvre d'art n'a de sens ou d'intérêt que pour quelqu'un qui dispose des compétences culturelles qu'elle requiert, c'est-à-dire du code où elle est encodée*» (BOURDIEU 1979, p. 256), le chercheur ne peut se limiter à une analyse de contenu sans préalable. Or, pour une forme sans légitimité et donc sans tradition explicite d'herméneutique, comment s'assurer de la validité de la lecture proposée?

Quelle place donc reconnaître au chercheur? Les termes du débat sont largement balisés. Le problème est d'abord de distance: trop éloigné, il ne dispose pas des codes culturels nécessaires, et peut considérer comme insensé ce qu'il ne sait comprendre (ou ne lui assigner qu'un sens très général, et manquer les variations, inflexions, différences qui pourraient faire système); cela revient à présupposer la naturalité de sa lecture, et à la poser, souvent sans l'expliciter, comme étalon de toute lecture. Il est donc nécessaire de dépasser le «*texto-centrisme*», la «*propension didactique*» de la culture des critiques et chercheurs, au «*prix d'un ébranlement réflexif de ses fondements*» (DAYAN 1992).

Trop près, il court le risque inverse, ne plus être capable «*de maintenir une distance critique*» parce qu'immergé dans, voire énamouré de son objet (MODLESKI 1986). Le désir de réhabilitation d'une forme a priori méprisée peut alors mener à une description idéalisée, qui d'ailleurs repose souvent sur des présupposés proches de la position méprisante. Il s'agit donc de se méfier de l'«*ethnologie rapprochée*» (DAYAN 1992), et tout autant du «*ventriloquisme*», qui ne convoque le public populaire que pour figurer dans un scénario construit par le chercheur (FROW 1991).

Bref, pris entre les écueils de l'attitude du «*missionnaire*» et de celle du «*barde*», le chercheur court le double risque du mépris ou du populisme. Pris dans ce tourbillon, il ne peut plus se penser comme superbement détaché, désaliéné, protégé des compromis du réel, seul apte à révéler la vérité d'un monde englué dans l'idéologie, à l'image des schémas héroïques des années 70.

Si donc la tâche préalable est de reconstruire un modèle de codage cohérent, le recours à des enquêtes auprès des lecteurs paraît nécessaire, qui permet de «*réunir deux perspectives, souvent disjointes: l'étude de la façon dont les textes, et les imprimés qui les portent, organisent la lecture qui doit en être faite, et, pour une autre part, la collecte des lectures effectives, traquées dans les confessions individuelles ou reconstruites à l'échelle des communautés de lecteurs*» (CHARTIER 1988), et de faire le point sur un mode de lecture spécifique, «*attention oblique*» (HOGGART 70), «*braconnage*» (CERTEAU 80), «*lecture distraite*» (THIESSE 1984); bref sur une forme de distance entre le texte et le lecteur, formulée dans des termes si différents de la distance critique légitimée que nombre d'analystes pressés ne la distinguent pas.

Mais vue la position culturelle dominée qui est la leur, dans quelle mesure est-il possible d'atteindre par là la «vérité» de leur lecture, le «*mystère*» de leur «*réception*» (DAYAN 1992) en interrogeant et observant effectivement les lecteurs de *Nous Deux*? Solliciter des commentaires sur un texte, demander de verbaliser des opérations de lecture généralement implicites renvoie à une démarche de type scolaire inscrite dans un modèle culturel légitime qui n'a rien de naturel. Il faut se résigner à ce que l'accès direct à cette «*expérience obscure*» que demeure la réception soit en partie impossible (ALLARD 1994), à ce que chercher à rendre visible un processus dont l'invisibilité «*est une des conditions de sa réalisation, de son efficacité*» (WOLF 1993) fausse nécessairement les réponses obtenues. Le dispositif de l'entretien installe ainsi une mise en scène, où les interlocuteurs, amenés à expliciter et à rendre publiques des réactions d'abord obscures pour eux-mêmes, tendent à adopter un rôle. Le chercheur y est lui aussi mis en scène; si bien qu'il reçoit d'abord le reflet de la perception qu'ont les interlocuteurs de son statut.

Difficultés impossibles à lever, mais qui délimitent un champ d'action qu'il s'agissait d'aménager pour tenter de les dépasser. Outre le recours aux sondages du CESP et à une enquête menée auprès des lecteurs en 1987 par la rédaction de *Nous Deux*, on a choisi ici de procéder à des entretiens semi-directifs auprès de lecteurs «ordinaires». A propos de l'usage de *Nous Deux* et de l'inscription du lecteur dans un univers social et culturel, plutôt que sur la compréhension de textes précis. Et exclusivement auprès de lecteurs pour qui l'«intervieweur», déjà connu ou inséré dans un réseau d'inter-connaissances, risquait moins d'apparaître comme un «interrogateur».

Dans les études de réception, l'enquête se double fréquemment d'une «observation participante». Ici, les choses ont été simplifiés/ compliquées par une fréquentation d'abord «naturelle» de la presse du cœur, élément du contexte familial et culturel d'origine: observation au long terme, donc. Reste à déterminer dans quelle mesure un chercheur demeure intégré au monde qu'il observe. Et à prendre conscience d'un double danger, celui de la nostalgie, et celui d'une généralisation qui identifierait le milieu observé et l'ensemble du lectorat... Mais, même en dehors d'une situation où il travaille dans un cadre familial, un chercheur est aussi un lecteur. Il doit donc objectiver cette position, et, tout en tâchant de ne pas ériger son propre comportement lectoral en norme, considérer que celui-ci n'est pas nécessairement à l'opposé du comportement ordinaire.

Le problème est d'abord de mise en scène, et de mise en place. De nombreuses critiques de la presse du cœur soulignent ainsi l'inconvenance d'une lecture qui se déroule en public, dans la foule même. Cette inconvenance spatiale est toujours associée à une posture de dévoration: l'incapacité à s'isoler du quotidien est l'image d'une semblable incapacité à tenir la fiction à distance. Au demeurant, si elle est parfois lue dans les lieux publics (4,2% des réponses à l'enquête de 1987 mentionnent une lecture dans les transports en commun), la presse du cœur l'est bien davantage dans l'espace intime; dans ce cadre, le lecteur peut choisir l'isolement (provisoire voire menacé) aussi bien que la chaleur domestique.

Cette interpénétration — relative — du quotidien et de la lecture s'inscrit dans le temps plus que dans l'espace. Pour reprendre le mot d'une lectrice, *Nous Deux* est une lecture faite «*pour les petits creux*». Ainsi, dans l'enquête de 1987, 63,4% des réponses indiquent le soir comme période privilégiée de lecture, et 13,4% le week-end. On retrouve là une mise en scène qui inscrit la lecture dans une «*logique des temps morts*» (BAHLOUL 1988). Cette insistance sur le temps comme contexte voire obstacle à la lecture est frappante dans les témoignages ici recueillis. Cette logique du temps compté préside au choix d'un magazine où la lecture est pré-découpée par des rubriques de longueurs très diverses, ce qui permet de choisir en fonction de ses disponibilités (ce que certains lecteurs explicitent très nettement). On est loin de la pure dévoration...

L'entrelacement avec les activités ordinaires fait de la lecture de *Nous Deux* un geste quotidien. Quotidien, et donc désacralisé — il s'agit de lire un magazine, généralement jeté ou donné après usage, et non un «livre de bibliothèque». Mais dans le même temps ce qu'on lit est, quand il s'agit de fiction, vécu comme hors de l'expérience commune.

C'est l'argument qui est d'abord donné — le plus souvent avec une certaine autodérision — par les lecteurs interviewés: leur activité est de détente, de recherche d'évasion; mais d'une évasion contrôlée où l'univers de la fiction relève de la fantaisie, voire du rêve, et non du réel.

«*C'est toujours la vieille plainte que les masses ne cherchent qu'à se distraire*» disait Walter Benjamin évoquant la critique du cinéma par Duhamel. Plainte dont il postulait qu'elle manifeste l'incapacité à supporter la «*réception dans la distraction*» par laquelle la masse «*recueille l'œuvre d'art dans son sein, lui transmet son rythme de vie*» (BENJAMIN 1991). C'est ce qui ressort en effet des entretiens menés ici: les lecteurs ordinaires maintiennent une distance certaine entre eux et des textes qu'ils lisent à leur temps perdu, dans l'activité ambiante ou dans un bref moment d'isolement, pour se détendre. Ils la maintiennent aussi avec des fictions dont ils affirment, voire réclament, l'inadéquation avec leur vie courante; dans l'enquête de 87, 69,2% répondent ainsi attendre d'une histoire qu'elle les dépayse, et 30,8% qu'elle soit proche de leurs préoccupations.

Ce paradoxe apparent entre une lecture mêlée à la vie et une inadéquation entre le texte et la vie, qui est constamment réaffirmé dans les entretiens, est souvent lié à une éducation où l'abstraction du monde extérieur est déconseillée, et réprimée, où la lecture est vécue comme une activité superflue, une perte de temps, au mieux un divertissement qui doit être maintenu à sa place, et donc un plaisir défendu auquel on ne peut se livrer totalement qu'en cachette. Et il relève surtout d'une évaluation de l'importance de la fiction littéraire tout à fait distincte de l'évaluation lettrée...

Cette distance au texte ne s'appuie pas, dans sa visée comme dans son aboutissement, sur la construction d'un discours critique, sur un effort ascétique d'abstraction, sur le «*loisir studieux*» qui permet de «*prendre au sérieux les choses ludiques*» (BOURDIEU 1992, p. 83), mais au contraire sur un refus de prendre au sérieux, au moins systématiquement, tant la lecture que le texte... On ne se protège pas ici des vertiges de la fiction par un effort de critique, ou en détournant son attention de ce qui est raconté vers la forme même de ce récit, mais en mettant en cause la véracité ou la pertinence de l'anecdote.

Seule la reconnaissance d'une opposition entre l'univers du réel et celui de la fiction peut d'ailleurs donner sens à la différenciation des rubriques dans *Nous Deux*. Aux rubriques pratiques, que l'on consulte en cas de besoin, que l'on collecte éventuellement pour s'y référer plus tard, aux pages «people» et à certains témoignages, s'opposent en effet les récits sentimentaux. Leur construction comme fiction détermine leur mode même de lecture.

Ces constatations n'ont d'ailleurs rien de bien original, et on les retrouve tant chez Hoggart que chez Michel De Certeau ou Anne-Marie Thiesse, dans la description du comportement des «*faibles lecteurs*» (BAHLOUL 1998), dans les entretiens menés auprès de lectrices de «romance» (RADWAY 1984)...

Si donc on admet qu'a priori la lecture «ordinaire» de *Nous Deux* peut être compétente, et que le sens réel du magazine n'est pas exclusivement détenu par un chercheur aux yeux dessillés par la distance, «apprendre la langue» de la presse du cœur implique un examen sérieux, qui traite cet objet comme n'importe quel objet de science, et avant tout l'usage d'un corpus large qui prenne en compte l'ensemble de ce qui est proposé par le magazine.

Rien donc ne peut être dit avant une étude diachronique qui vise à déterminer l'identité toujours en mouvement de cet objet médiatique, c'est-à-dire les conditions de production et de réception qui le déterminent comme marchandise: les aléas de son positionnement; sa stratégie énonciative («*seul moyen pour chaque titre de construire sa «personnalité» en construisant un certain lien avec ses lecteurs*»), les tensions et les éventuelles évolutions de celle-ci; la construction de son lectorat (ses «*caractéristiques socio-professionnelles telles que les producteurs du titre de référence les interprètent et les expriment en termes d'attente de discours*» et la «*structuration, dans le discours du titre, d'un lien proposé au récepteur sous la forme d'(...)un contrat de lecture*») (VERON 1988).

Comment se régule en effet le rapport entre magazine et
lecteur? Dans quelle mesure l'activité du lecteur de *Nous
Deux* est-elle un «*comportement productif*» (GADAMER 1976)?

III.2. *Contrats de lecture*

Pour l'essentiel collection de récits de fiction non valorisés,
Nous Deux peut s'inscrire en grande partie dans l'univers de
la «paralittérature». Or les analyses qui interrogent la littérature non légitime sous cet angle semblent avoir considéré
la présence d'un contrat établi entre le texte et le lecteur
comme une spécificité du domaine qu'elles décrivent; et,
implicitement, comme un usage biaisé de la littérature, où
le créateur comme le lecteur perdent leur indépendance, le
contrat étant lié à la manipulation du lecteur et à la réduction de la liberté du créateur. Dans ce double emprisonnement, devenue instrumentale, la paralittérature interrompt
donc le libre «*soliloque de l'âme avec elle-même*» (BOUGNOUX
1993, p. 23); l'explicitation d'un contrat de lecture relève
ici de la dénonciation, et manifeste au fond une peur de la
machination et de la médiation. La notion semble donc avoir
été utilisée pour mieux construire la «paralittérature» comme
envers de la littérature légitime...

Sur les mêmes prémisses, le contrat peut aussi être donné
comme spécifique au produit d'une industrie culturelle,
qui, si l'on écoute Adorno, se «*distingue en principe*» par la
confection de «*produits qui sont étudiés pour la consommation des masses et qui déterminent par eux-mêmes, dans une
large mesure, cette consommation*», comme une «*machine-
rie*» où les masses ne sont qu'un «*élément de calcul*», qui
fonctionne à la standardisation, vise au conformisme, et
repose sur l'abolition de l'«*autonomie de l'œuvre d'art*»
(ADORNO 1964).

Et tout autant être lié à la nature médiatique de *Nous Deux*. A ce niveau aussi, on s'inquiéte parfois de ce qu'il faille «*des médias pour façonner l'imagination des hommes*» (BOUGNOUX 1993, p. 23)...

Mais il n'est pas nécessaire d'accepter ces prémisses pour estimer que dans le champ de la culture et des médias, le contrat est un élément essentiel du procès de communication qui gère dans le temps le lien entre un produit et son public au sein d'un marché concurrentiel.

Dans le cas de *Nous Deux*, hebdomadaire devant se vendre semaine après semaine, dont une bonne part relève de la fiction, le lien établi entre lui et le lecteur ne postule-t-il pas a priori que ses composantes, même si elles ne sont pas liées à l'actualité, doivent constamment s'effacer pour faire place aux nouvelles livraisons et préserver l'impression de surprise? La nature industrielle et médiatique de *Nous Deux* ferait ainsi fonctionner le contrat de lecture, y compris de la fiction, à l'oubli. Toutefois la forme feuilletonnesque contrevient provisoirement au principe d'oubli, et donc le réduit. Et surtout, si le récit sentimental repose sur un jeu de variations, quelle est l'importance de l'encyclopédie du lecteur dans l'appréciation de l'information nouvelle?

La position illégitime des fictions présentées par *Nous Deux* impose par ailleurs l'établissement d'un type particulier de contrat. En effet, le mode de lecture de la fiction légitimée peut être enseigné par les instances légitimantes; rien de tel, bien sûr, pour un produit aussi déclassé que la presse du cœur; même s'il travaille avec un héritage, même si les lecteurs peuvent s'éduquer mutuellement, le magazine doit donc montrer comment lire à son public, et le montrer «en actes»; et l'analyse éclairer ces procédés.

Mais, si l'on dépasse l'euphémisation des conditions de production culturelle légitimes, on doit reconnaître que toute

forme discursive pose entre elle et son lecteur un contrat afin
d'assurer sa lisibilité et sa recevabilité. C'est d'ailleurs pour
décrire la littérature légitime que l'école de Constance notamment posa cet outil théorique...

Telles que les notions de contrat, ou d'horizon d'attente
ont été utilisées, deux types d'interrogation délimitent alors
ce champ d'analyse: d'une part, la recherche de ce qui dans
le texte programme sa réception; d'autre part, une interrogation sur les modes de négociation entre le lecteur et le
texte.

Selon une première définition, la lecture est un processus
programmé par un texte conçu comme «*machine présuppositionnelle*», «*chaîne d'artifices expressifs qui doivent être actualisés par le destinataire*», «*produit dont le sort interprétatif doit
faire partie de son propre mécanisme génératif*» (ECO 1985,
p. 27, 61, 65). Les signes littéraires et artistiques sont dans
ce cadre vus comme «*signifiants organisés*» qui «*servent moins
à désigner des signifiés qu'à représenter des instructions pour la
production de signifiés*», et le «*procès de lecture*» apparaît «*comme
condition d'une entente avec le texte*» (ISER 1979).

Ainsi, la différenciation des diverses rubriques, les marques
qui délimitent notamment le régime fictionnel, ordonnent les
conditions d'acceptabilité du texte lu.

Mais quand Iser pose le principe d'un discours de fiction
comme «*représentation d'un acte illocutoire orphelin de toute
situation contextuelle donnée et obligé par là de fournir luimême à son destinataire l'ensemble des directives nécessaires à
l'établissement d'une telle situation*», par exemple, on doit
s'interroger sur la validité du modèle d'un lecteur virtuel,
qui demeure finalement un simple dispositif textuel, et préserve par là l'autonomie du créateur dans le procès de la communication narrative. Et tout particulièrement pour décrire
le fonctionnement d'un magazine où l'estimation de la part
d'autonomie des créateurs est singulièrement complexe

(l'enquête de 1987 souligne l'importance très relative que les lecteurs accordent à l'auteur pour la détermination de l'intérêt d'une fiction: 74% des réponses indiquent que son nom n'est pas important, et 66% ne tiennent pas à trouver des textes d'écrivains connus dans *Nous Deux*; les entretiens montrent de la même façon que les noms d'auteur ne sont pas toujours repérés [particulièrement pour les nouvelles] et rarement mémorisés).

De plus, comment expliquer la désaffection pour une modalité narrative qui connut d'abord le succès si le lecteur est postulé vierge devant chacun des textes qu'il rencontre, si les hypothèses interprétatives qu'il formule sont exclusivement inhérentes aux caractéristiques organisationnelles du texte? En demeurant dans les limites de l'analyse sémiologique, en donnant toute l'initiative au producteur, ce modèle ne permet pas en fait de dépasser la représentation du récepteur passif mu par un texte tout puissant.

Si le contrat de lecture est ici conçu comme mode de négociation entre un lecteur et un texte, se pose alors le problème du degré d'autonomie qu'on peut reconnaître à ce lecteur, les modes de combinaison de l'«*irréductible liberté des lecteurs*» et des «*contraintes qui entendent la brider*» (CHARTIER 1988).

Face au contrat comme simple dispositif textuel se dresse en effet le scénario «héroïque» d'un «*lecteur désormais conçu comme le site du sens*» (FISKE 1987). Mais c'est alors le moment de la production qui se perd, et l'interaction du texte et du lecteur n'est pas davantage éclairée.

On posera donc qu'«*il doit bien y avoir un certain degré de réciprocité entre les moments de codage et de décodage*» (HALL 1994): la correspondance entre lecture et écriture doit être construite comme une articulation entre ces deux moments, distincts, mais qui se présupposent l'un l'autre (et tout particulièrement pour les produits d'une industrie culturelle qui interdit au créateur toute posture héroïque). On suivra donc ici la perspective dessinée notamment par Roger Chartier: «*Guidé ou piégé, le lecteur, toujours, se trouve inscrit dans le texte mais, à son tour, celui-ci s'inscrit diversement en ses lecteurs divers*» (CHARTIER 1988). Le contrat implicite de lecture devient alors un ensemble de «*règles performatives*», règles de compétence, d'usage, de logique pratique, qui permettent au lecteur de décider d'intégrer ou d'exclure tel ou tel élément dans un ensemble de signification approprié, bref de construire un travail interprétatif, de décoder tel ou tel texte de façon plausible, en relation avec les ensembles où celui-ci s'insère — tels la tradition du roman d'amour, l'histoire du récit sentimental dans *Nous Deux* et la presse du cœur dans son ensemble, les divers textes et rubriques concurrents à telle période de l'histoire du magazine — et en fonction de ce qu'il est — lui, lecteur — et de ce qu'il vit. Au delà de la lisibilité du magazine, et notamment de ses textes de fiction, le contrat de lecture fonde évidemment son plaisir (cf. infra V).

Bref, les significations préférentielles d'un texte, le rapport dialogique entre ce texte et son lecteur, s'inscrivent dans une histoire qui conditionne sa compréhension et son appréciation; c'est là une leçon de l'école de Constance dont on ne peut ici faire l'économie.

Ce contrat relève aussi du collectif, de la diversité sociale des ressources discursives. En ce sens, le processus de compréhension apparaît non plus comme dyade, mais comme triade entre le texte, les systèmes de connaissances dont il dépend, et la réalité du contexte où vit le consommateur (cf. WOLF 1993).

Mais délimiter les contours du contrat qui gère la lecture de *Nous Deux*, ou plus strictement de son récit sentimental, n'est qu'une première étape, nécessaire, mais non suffisante. En effet, chaque semaine *Nous Deux* constitue un ensemble, que le lecteur accepte s'il fait la démarche de l'acheter, et qui fait donc l'objet d'un contrat global. Mais le magazine n'est pas un produit unifié, il juxtapose fiction et rubriques d'insertion, alors même que son originalité tient à la place qu'il accorde aux histoires d'amour. Ce contrat global va alors accorder la prééminence à la fiction sentimentale sur les autres types de rubriques, et fonder cette fiction sur une charte réaliste en même temps que sur une thématique obligatoire. Or au sein de cette fiction coexistent diverses modalités narratives, dont les critères d'acceptabilité et de lisibilité ne sauraient être exactement semblables.

Par diverses marques énonciatives (la place accordée à l'icône, le choix d'une icône dessinée ou photographique, les jeux de focalisation, le travail de la syntaxe et de l'image, la présence de détails «immotivés» [cf. BARTHES 1968]...), par des marques péri et paratextuelles (la distribution dans la maquette, le choix typographique, le choix de l'anonymat ou de l'onymat...) chaque genre en concurrence avec les autres confirme ou redessine en permanence son épistémologie spécifique, sa place entre mimesis et diegesis. Par le jeu des annonces et des avertissements, parfois celui de concours, et du sein même de ses réalisations, chaque genre indique également comment il doit être lu: si la position lectorale requise en appelle toujours à l'extatique, les places accordées à la jouissance esthétique et à l'investissement éthique sont inversement proportionnelles — et bien entendu liées à la distribution du genre sur l'axe de la mimesis et de la diegesis (voir infra V). Ces distinctions font sens en ce qu'elles dessinent le portrait d'un magazine varié et accordé à la diversité des lecteurs et de leurs disponibilités, mais aussi parce qu'elles modulent la recevabilité des anecdotes et des personnages, les genres les plus diégétiques permettant une plus grande élasticité du vraisemblable et une plus forte héroïsation des personnages; et donc conditionnent la réassurance d'une sémantique sentimentale unique à travers le jeu des variations.

On postulera donc un emboîtement de contrats en inter-action: celui qui gère l'accès au magazine; celui qui accorde priorité à la fiction sentimentale et la fait fonctionner; ceux qui font fonctionner chaque genre narratif au sein de cet ensemble, en articulant la performance réalisée par un texte spécifique, la compétence générique et la compétence globale du récit sentimental. Et, au cœur de l'interaction de ces contrats, l'irréductible liberté du lecteur, qui exerce son jugement de goût...

Les outils et les questionnements étant posés, il est donc possible de rendre compte de la longue histoire de *Nous Deux*, et peut-être d'en tirer sens...

3. Anniversaire, 13 mai 1997

4. Le premier roman-photo: «A l'aube de l'amour»,
n° 165 p. 2, août 1950

5. «Tendre mission», nº 165 p. 3

IV

EN QUÊTE D'UNE IDENTITÉ...

Mener une étude diachronique implique de délimiter des périodes à l'intérieur d'une histoire, qui ici couvre un demi-siècle; on est alors placé devant un choix simple: partir d'un découpage historique déterminé par les évolutions et les mutations de la société où l'objet est produit (et reçu), ou déterminer ce découpage en fonction de critères internes. Mais se référer à des évènements ou des inflexions historiques signifierait poser a priori une relation spéculaire entre le magazine et la société; or un travail comme celui-ci vise plutôt à poser la question de ces relations... On déterminera donc ces périodes à partir de transformations internes qui modifient les logiques esthétiques et discursives, et indiquent ainsi les inflexions essentielles de la stratégie énonciative.

L'évolution du magazine s'étant longtemps menée — comme il était de règle dans la presse française — à petites touches, il est nécessaire de déterminer d'abord les éléments essentiels de l'identité du magazine (et notamment les aléas de son positionnement) pour délimiter de façon pertinente les étapes de sa stratégie; bref, la construction d'une histoire du magazine est l'aboutissement d'une analyse de son identité plus que son préalable. Ceci étant posé, on peut représenter métaphoriquement cette histoire comme celle d'une vie maintenant à son déclin.

On ne tracera ici, au demeurant, que les très grandes lignes de ce parcours, les contraintes éditoriales ne permettant pas d'en exposer le détail. Ce qui apparaîtra ici comme simple affirmation repose en fait sur une lecture quasi exhaustive des livraisons hebdomadaires du magazine (pour une analyse plus précise, voir GIET 1997).

Au sein de cette longue et complexe histoire, on peut dessiner une première étape qui voit l'installation des «organes essentiels» de la vie future du magazine: outre les genres narratifs déjà présents dans le premier numéro, le roman-photo (auquel *Nous Deux* fut d'ailleurs rapidement assimilé) apparaît en septembre 1950.

Le contrat de base du nouveau genre est mis en scène par le jeu entre l'annonce qui précède son premier épisode et l'avertissement qui l'accompagne: l'annonce présente le genre, «*une innovation sensationnelle, la formule inédite la plus moderne: un grand film en couleurs pour vous seuls*», et insiste donc sur la dimension esthétique; mais l'avertissement occulte cette dimension et inscrit «A l'aube de l'amour» dans un cadre strictement éthique, le présentant comme «*la réponse, dramatique, de la vie même*» à une question cruciale: «*d'un coup de foudre peut-il naître un amour durable et heureux?*»; a priori, le roman-photo est plutôt inscrit du côté de la mimesis, ce qui est cohérent avec la nature de son icône. Toutefois dès les premières bandes apparaît une certaine ambiguïté à cet égard: près de la moitié présentent des intrigues calquées sur celle du grand roman d'amour, des personnages excessifs, socialement marginaux (en haut ou en bas), voire en costumes. Le genre se heurte par ailleurs aux contraintes de sa technique: à la difficulté de reproduire des photos sur le mauvais papier de l'après-guerre, aux problèmes d'éclairage, de jeu et de réalité physique des acteurs, mais surtout aux redoutables questions de l'inscription d'un texte dans une photo (qui obligent à occulter une partie de la scène), de la représentation du mouvement et de l'émotion, en d'autres termes de l'usage pertinent du cadrage et du montage, et du choix d'un format pour chaque vignette. Alors que le roman dessiné (avec lequel les premiers épisodes du roman-photo sont mis en concurrence spatiale) fit dès le départ le choix de la liberté expressive, alors que les premières expériences de roman-photo (dans *Sogno* et *Bolero* en Italie dès 1947, dans *Festival* en France en 1949) firent elles aussi le choix de la diversité, dans *Nous Deux* la norme de trois lignes de vignettes quasi-indifférenciées s'installe dès le départ; seul «Jamais je ne t'oublierai» use d'angles complexes et d'une véritable variété dans la mise en page; il s'agit de la reprise du premier roman-photo de *Grand Hôtel*, et avant son épilogue il rejoint l'ordinaire. Le roman photo des origines offre ainsi davantage la trace que la représentation d'une action, laisse au texte une part essentielle dans la narration, et accorde une place notable à l'imaginaire et à la bonne volonté du lecteur dans son fonctionnement.

Il est au demeurant malaisé d'isoler l'influence de ce nouveau genre dans le succès d'un magazine dont le tirage progresse irrépressiblement mais régulièrement de 1947 à 1957 (pour atteindre alors 1 600 000 exemplaires). Cette première période, en installant quatre genres (outre la couverture virtuellement narrative) concurrents, permet d'éclairer les principes sur lesquels est fondée la structuration de cette fiction: les oppositions entre iconique et linguistique, photo et dessin (non seulement pour les genres iconiques mais aussi en illustration des genres linguistiques), mais surtout entre tendance mimétique et tendance diégétique. La période permet également d'observer comment se combinent héritages et modernités, et comment se construit une tradition générique: aux côtés du feuilleton qui reprend fidèlement les codes qui ont fondé son séculaire succès dans la presse et l'édition populaire, de l'«histoire vécue» qui ne modifie pas les règles sur lesquelles elle a assuré sa réussite d'avant-guerre, deux genres nouveaux (et tous deux importés d'Italie), l'un qui semble dès le premier jour avoir posé les règles fondamentales à

6. «Les misérables», septembre 1952

7. «Notre Dame de Paris», décembre 1954

48   S. GIET

8. Le premier «Nous Deux Flash», septembre 1959

9. Epilogue de «La grande croisade»,
ou le dernier roman dessiné, mai 1963

10. «La belle aventure de Johnny», premier roman-photo
avec vedette, nº 882, avril 1964

partir desquelles il se déploiera pendant quinze ans, et l'autre dont l'identité n'est pas pour lors nettement définie et qui semble découvrir peu à peu son originalité et ses potentialités techniques et esthétiques.

Ce qui fait de *Nous Deux* un journal singulier (et dès 1950 le premier magazine féminin français en tirage), c'est d'abord le poids de l'image. On peut alors considérer les inflexions dans la hiérarchie des fictions iconiques comme bornes significatives des premières étapes de sa croissance. Ainsi, de 1951 à 1957, alors même que le roman-photo est apparu, le roman dessiné est le genre dominant en surface et en position dans un magazine essentiellement stable; 1957, par ailleurs année où le tirage atteint un pic indépassable. Cette période héroïque voit dans le même temps apparaître les germes des diversifications et inflexions futures; notamment la spécification sentimentale et mimétique des nouvelles en opposition avec un nouveau genre, la nouvelle d'aventures explicitement destinée au public masculin; les premiers frémissements d'une diversification esthétique du roman-photo, et les prémices d'une volonté didactique, à travers le timide développement des rubriques pratiques, les premiers romans-photos inscrits dans un projet néo-réaliste, et surtout l'adaptation d'œuvres littéraires réputées (à divers niveaux de légitimité culturelle, d'un *«chef d'œuvre immortel»* comme *Les Misérables* à un roman populaire tel *Rose-Lison* [de Jules Mary]) par les genres iconiques, dont les para-textes affirment alors la volonté de concurrence avec le cinéma de prestige.

Comment un titre installé peut-il conserver ses premiers lecteurs et en séduire de nouveaux, parler en même temps à des lectorats qui tendent à se séparer par l'âge et par le sexe? Cette question se pose plus essentiellement au cours de la période suivante: de 1957 à 1963, *Nous Deux* connaît une première crise d'identité, marquée par un recul progresif du roman dessiné (jusqu'à sa disparition pure et simple en mai 1963, alors que le genre perdure dans *Grand hôtel* jusqu'au début de 1970), un travail progressif de la maquette, qui à terme accordera priorité aux récits linguistiques et non plus iconiques, un net enrichissement des rubriques non fictionnelles (et notamment l'apparition d'un billet de Paul Vialar et celle d'une double page d'«Actualités»), et donc l'émergence (même minorisée en surface et dans le dispositif) d'une logique discursive et pédagogique tout à fait nouvelle: cette redéfinition, contemporaine d'une relative chute du succès, peut être considérée comme une crise d'adolescence — et une tentive d'adaptation à une modernité qui toujours échappe... Les diversifications et l'approfondissement des ambitions didactiques et esthétisantes, notamment autour du roman-photo (travail du cadrage et du montage, nombreuses bandes néo-réalistes, adaptations littéraires, «Série d'or» qui explicite une politique nouvelle de qualité) permettent surtout d'observer les aléas dans la production du lectorat: dès que la rédaction semble travailler au moins en partie dans le déni, dès que le brouillage du positionnement atteint donc un certain degré, le lectorat reflue... Cela permet ainsi d'esquisser la question de la définition sociale des goûts...

La disparition de la «*formule neuve*» de «*films en planche dessinée*» ouvre une nouvelle période de liquidation des héritages et de renouvellement de plus en plus radical de la formule du magazine: cette étape va jusqu'à la disparition des couvertures dessinées, en 1972. En ce sens, cette longue période de rupture progressive peut être considérée comme la quête d'un âge adulte pour un magazine qui a aussi à «tuer le père» (Cino del Duca décédant par ailleurs en 1967...). Une période d'approfondissement de la logique pédagogique, et de diversification; notamment pour le roman-photo; cohabitent alors des bandes misant sur une mise en page régulière et sur la transparence formelle (selon deux modalités, l'une encore proche des réalisations des années 50, l'autre plus travaillée, mais dans le sens de la neutralité), et d'autres à la recherche d'une rhétorique iconique accordant cadrage, mise en page et sens du récit, et jouant sur des effets de style (jusqu'à des pages ne comptant que trois ou quatre vignettes, voire des incrustations, jusqu'à des séquences descriptives sans fonctionnalité narrative). Mais aussi une période de relative rupture entre le magazine et son lectorat (en 1971, le tirage dépasse à peine les 990 000 exemplaires), ce qui permet de formuler plus nettement les questions et hypothèses apparues dans l'étude de la période précédente. Cet âge, qui voit aussi la reconnaissance de goûts autonomisés de la jeunesse (dans *Nous Deux*, en réponse à la concurrence des magazines de hit-parade, se développent les rubriques d'«information» sur les vedettes et l'usage de vedettes dans le roman-photo à partir de 1964) éclaire la question cruciale de la modernité dans la stratégie d'un titre de presse.

La période suivante, en revanche, est celle du repliement, de la recherche de stabilité, et surtout du resserrement sur une position claire: abandon des recherches esthétisantes, fixation (voire pétrification) de la maquette. Cet âge d'une maturité certaine est aussi celui d'un succès notable, *Nous Deux* réoccupant à partir de 1972 la position de leader du marché de la presse féminine qu'il avait perdue en 1964, et retrouvant un tirage supérieur à un million d'exemplaires... Le fait que cette remontée du lectorat corresponde à l'abandon des recherches dans le roman-photo, et plus largement au retour à la stabilité et donc à un ralentissement de l'invention au sein du titre permet d'éclairer d'un jour encore plus cru les questions de la définition sociale des goûts: ce qu'on pourrait taxer de chute qualitative au nom d'une définition extérieure de la qualité, calquée sur la définition légitime (formalisme et novation esthétique), semble entraîner un retour du succès...

Mais à partir de 1975, on entre dans une nouvelle période de bouleversement et de recherche d'identité. La pression du

11. «La fête des amoureux»,
dernière couverture dessinée

12. Le comble du roman-photo esthétisant,
«Enchantement», mars 1972

13. Victoire du roman-photo «neutre»:
«La chanteuse aveugle», mars 1976

14. Anniversaire, novembre 1985

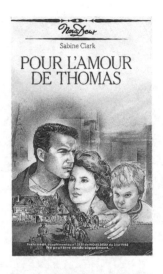

15. La dernière «invention» : le roman en volume mensuel,
juin 1988, août 1996, décembre 1996

marché publicitaire et la redéfinition du marché concurrentiel de la presse féminine pèsent de tout leur poids, contraig-
nant le titre à passer de la force de l'âge à la force des choses
(et à entamer une fonte progressive et régulière du tirage).
Cette période, qui voit la lente liquidation de la forme feuilletonnesque et le recul de la fiction au profit des rubriques
d'insertion permet surtout de s'interroger sur l'identité d'un
titre: car en effet, pris dans un champ concurrentiel redéfini
et soumis à l'indifférence du marché publicitaire, *Nous Deux*
semble avoir perdu la maîtrise même de son évolution, et,
sinon s'aligner strictement sur ses concurrents, du moins
répondre aux initiatives de ceux-ci. De même que le brouillage
de la production du lectorat, la perte relative d'originalité
semble à terme fatale. Mais dans quelle mesure un magazine
«populaire» peut-il conserver cette identité dans le monde
actuel de la presse?

Le dernier âge, celui du déclin -inauguré par la célébration
du numéro 2000- se marque par l'affaiblissement de la place
de *Nous Deux* dans son champ concurrentiel (il en perd défi-
nitivement le leadership en 1984 au profit de *Femme actuelle*)
et le poids d'une double contrainte, imposant aux producteurs de séduire les publicitaires et de maintenir en même
temps ce qui dans l'identité du titre produit le lectorat. Cet
âge est caractérisé par un travail complexe et répété de la
maquette, une redéfinition constante de la position et de la
délimitation des genres fictionnels, et l'invention, en 1988,
d'un roman en volume, supplément mensuel au magazine
même, manifestement inspiré par le succès des collections
Harlequin. Les questions apparues progressivement au cours
de l'étude du titre et de son évolution sont plus que jamais
brûlantes. Et tout particulièrement celles de la légitimité culturelle, que les producteurs, à divers niveaux, semblent recher-
cher alors même que cette quête de légitimation ne paraît guère
séduire les lecteurs...

L'histoire ainsi construite n'est d'ailleurs pas en concordance immédiate avec l'histoire du groupe des Editions Mondiales: la mort de Cino del Duca n'entraîne pas d'infléchissement repérable de la stratégie; le rachat des éditions par un groupe industriel en 1981 (le groupe Cora-Révillon) ne se traduira qu'avec retard. De même, le nouveau rachat des Editions Mondiales en 1994, et leur effacement en tant que telles au sein du groupe international de presse EMAP n'a pas pour lors entraîné de modification notable de la stratégie éditoriale, ni du tirage...

Ce parcours permet de délimiter plus précisément les constituants forts de l'identité de *Nous Deux*.

Et d'abord l'importance de l'image. Le premier numéro est né sous le parrainage du *Film mondial*, et portait comme sous-titre «*l'hebdomadaire du roman dessiné*». L'image sous ses diverses modalités occupa, et occupe encore, une proportion notable de la surface du magazine. L'iconophobie généra aussi une bonne part des lectures critiques et des condamnations du titre et plus généralement de la «presse du cœur». Mais le statut de l'image dans *Nous Deux* ne peut se concevoir qu'à travers la dialectique entre texte et image — si l'illustration valorise l'écrit, et constitue un article essentiel dans les contrats de lecture des divers genres linguistiques, dans le même temps le texte semble premier dans le fonctionnement des récits iconiques, et l'autonomisation esthétique de l'image y est toujours problématique; l'évolution de *Nous Deux* à partir de 1965 se construit notamment sur l'affirmation de l'importance de l'écrit (narratif et pratique) en même temps que l'image y conserve une large place de fait, répondant par là à l'iconophobie des critiques portées contre lui. De même le statut de l'image n'a de sens que par la dialectique entre le dessin et la photographie — la transparence virtuelle de la photographie tendant à connoter la mimésis et le cachet «artistique» du dessin la diégesis. Et l'histoire de *Nous Deux* se construit en grande partie sur un déplacement complexe d'accent du dessin à la photographie.

Fortement liée à l'image, élément aussi essentiel de l'identité du titre, et de son discrédit, la fiction. Dès le feuilletage du premier numéro, l'identité du magazine apparaît comme liée à la place accordée à la narration sentimentale; l'évolution de sa stratégie énonciative se mesure en priorité à la hiérarchie qu'il tend à déplacer entre les genres fictionnels et les rubriques d'insertion (95% de la surface au premier numéro pour la fiction, 75% en 1985, mais 60 en 1995). «Roman dessiné» et «roman-photo» affirment d'ailleurs en même temps l'icône et la narration; cette évolution se construit également par le jeu entre feuilleton et récit complet, qui impliquent des modes distincts d'investissement de la part du lectorat. D'ailleurs, pratiquement 88% des réponses à l'enquête de 1987 indiquent un parcours de lecture qui commence par un des genres fictionnels (dont 64% par le roman photo).

Elément fondamental tout aussi évident, et tout aussi sensible, le sentimental. A l'instar des autres magazines dits «du cœur» — tel *Confidences*; *Intimité* «*le magazine pour une vie heureuse*»; *Rien que toi* «*le magazine de l'oubli*»; *Toi et moi* «*le magazine du bonheur à deux*»; *A Tout Cœur* «*le magazine du bonheur*», la collection *Chérir*, et quelques autres de même farine... — *Nous Deux* affirme dès son titre et ses sous-titres («*Romance*» en 1947, «*l'hebdomadaire qui porte bonheur*» de décembre 1950 à 1981, «*l'hebdo couleur cœur*» en 1986-87) cette place accordée à la fiction sentimentale. Il l'exhibe en couverture. Celle-ci est également mise en avant par les producteurs du magazine, par Cino del Duca lui même dans ses — rares — interviews, comme au cours de l'offensive médiatique qui sera tentée à partir des années quatre-vingt. Un sentimental lié au récit, mais aussi bien à certaines rubriques d'insertion -ainsi le courrier du cœur, rubrique empruntée à la presse féminine «d'intérêt général», mais dont l'appareil repose longtemps sur la proximité avec le récit (illustration par une vignette de roman-photo, signature de l'écrivain sentimental Daniel Gray pendant plus de vingt ans), et qui génère à partir des années 80 un *nouveau genre*, le témoignage (un texte à la première personne donné comme témoignage direct, commenté par un «spécialiste», et classé à l'intérieur du courrier des lecteurs). La stratégie globale du magazine repose ainsi sur un jeu — complexe — entre l'explicite des principes de l'amour dans les rubriques, et l'implicite du récit sentimental.

Ce primat du récit sentimental, toujours imagé, pose un contrat de lecture appelant prioritairement à un investissement émotionnel. Le magazine lui-même le formule: le contrat est notamment rappelé par la plupart des annonces de feuilletons de toute nature. Ce primat de l'émotion ressort aussi de l'échec des tentatives de roman-photo comique, ou policier, du début des années soixante. Il est affirmé comme spécifiquement féminin — «*de l'émotion*» disparaît rapidement du sur-titre des nouvelles «*pour vous monsieur*» qui promettaient «*de l'aventure, du mystère, ...*». Toutefois, là encore, rien n'est posé une fois pour toutes, et le modèle de l'investissement émotionnel évolue: les romans feuilletons «latins» (leurs signataires sont Italiens ou Français), bâtis sur l'accumulation de péripéties éprouvantes pour les protagonistes et émouvantes pour les lecteurs, cèdent lentement la place aux feuilletons anglo-saxons, fondés sur l'analyse psychologisante; la même évolution se constate tendanciellement dans les romans-photos et dans les nouvelles; les romans dessinés disparaissent; en couverture, l'amorce de narration s'efface en plusieurs étapes au profit de la simple exhibition d'un couple... A tous points de vue le modèle narratif traditionnel hérité pour une bonne part du roman populaire du XIXème (et au fond du modèle du «roman grec» [cf. BAKHTINE 1978]) cède le pas dans les années soixante, l'accent passe du poids du destin à la psychologie des profondeurs. Et les tests «psychologiques» se développent (surtout de 1955 à 1965); le courrier du cœur apparaît en 1959, invitant à l'introspection. Ainsi, à partir des années soixante, et plus encore après 1985, récits et rubriques d'insertion tendent à appeler ensemble les lecteurs à une relation compassionnelle, tant avec les héros, voire les vedettes, qu'avec les lecteurs faisant appel aux conseils du magazine, ou livrant leur «témoignage». Ce contrat émotionnel rapproche l'évolution de *Nous Deux* de celle d'autres médias «populaires». Il sera lui aussi une des cibles du discours critique qui accompagnera le succès du magazine.

On peut se demander lequel de ces éléments est prioritaire dans le discrédit qui porte sur un titre qui s'est construit sur leur combinaison. En première analyse, on posera que le discrédit semble d'abord tenir à la fiction elle-même, à l'appel à l'imaginaire populaire. Mais on y reviendra...

A tous points de vue, l'identité de *Nous Deux* apparaît en tout cas forte, mais problématique. Et surtout complexe.

Stratégie énonciative, positionnement et production du lectorat de *Nous Deux* ne cessent en effet de se construire dans la tension.

Tension entre l'originalité nécessaire, l'égale nécessité de reprendre en charge certains héritages, et la tentation — l'obligation? — grandissante de s'aligner sur d'autres médias contemporains. *Nous Deux* se construit ainsi en combinant indissolublement le romanesque «populaire» fondé en grande partie sur le feuilleton, le modèle américain de la presse de confession acclimaté en France par *Confidences*, et la fascination pour le cinéma (surtout hollywoodien). Par là il constitue en France un modèle original, plus ou moins fidèlement imité dans les années cinquante, aussi bien par d'autres produits des Editions Mondiales que par ceux d'autres éditeurs,

ce qui en fait le parangon de la presse du cœur d'après guerre
(et le magazine féminin qui atteint le plus fort tirage pendant
toutes les années cinquante, et toutes les années soixante-
dix). Il évolue par la dialectique entre le maintien de ce qui
assura son succès et la nécessité de se renouveler. Mais les
étapes de cette évolution montrent que *Nous Deux* devient
moins une source de nouveauté qu'un relais d'effets produits
en dehors de lui: nouvelle vague musicale, démocratisation
de la télévision, et consécutivement médiatisation nouvelle des
«idoles» et «vedettes»; mais aussi transformations du marché
de la presse féminine, avec d'abord le renouvellement de la
presse «pratique» (succès de *Femmes d'aujourd'hui*, et du
Modes de Paris produit par les Editions Mondiales), puis l'entrée en force de la presse d'origine allemande, d'abord pratique, puis «people», qui imposent un repositionnement
constant des titres déjà installés. *Nous Deux* passe ainsi d'une
position de leader au sein d'un champ concurrentiel dont il
contribue à définir les limites à une position plus fragile dans
un champ dont il subit les déterminations. D'ailleurs, quand
ses premiers épigones disparaissent, aucune autre tentative
d'imitation ne se fait jour: après 1963 (date de la fusion de
Festival et de *Modes de Paris*), la presse du cœur française se
résume à trois hebdomadaires (l'ancêtre *Confidences* et les
jumeaux *Nous Deux* et *Intimité*), et à une multitude de collections plus ou moins éphémères de romans-photos complets; avant que *Confidences* puis *Intimité* ne disparaissent à
leur tour. Ne restent finalement qu'un petit nombre de collections de romans-photos complets (généralement des éditions italiennes Lancio), et *Nous Deux*, fragilisé certes, mais
toujours présent, toujours singulier par la place accordée à la
thématique du couple et par la force de la fiction sentimentale.

    Cette tension entre héritage et modernité peut être liée à
la nécessité de parler à toutes les générations de lecteurs alors

que la jeunesse tend à à se construire comme une nouvelle catégorie dans la société française, à s'autonomiser culturellement; sans qu'on puisse toutefois assimiler les deux démarches, ce qui postulerait que les lecteurs les plus âgés conservent au long d'un demi-siècle les mêmes goûts et les mêmes attentes...

L'histoire de *Nous Deux*, ou plus précisément de ses genres fictionnels, peut également se formuler en dialectique de la convention formelle, de la diegesis, et de la mimesis. Particulièrement dans les récits iconiques, que seule la décision implicite du «lectant» (cf. PICARD 1986) permet de naturaliser afin qu'ils fonctionnent comme récits; mais plus généralement en jeu qui fonde des horizons d'attente différenciés selon les genres, des codes qui ne cessent de se reconstruire par la concurrence des rubriques au sein du magazine, des magazines au sein du champ de la presse, et des médias en général. Au sein de cette histoire, la parenthèse esthétisante est particulièrement intéressante, en ce qu'elle permet de réflechir sur les limites d'un genre et ses conventions, mais surtout parce qu'elle n'entraîna pas d'adhésion spectaculaire du public, alors que son abandon relança une période de prospérité pour le titre.

L'évolution de *Nous Deux* peut ainsi se décrire en termes de tension entre la reconnaissance d'un goût particulier (même si marginalisé) et la recherche de légitimité.

Le problème est d'abord économique, puisqu'avec l'élargissement de l'offre d'espaces publicitaires, une presse illégitime comme celle du cœur se trouve cruellement dépourvue de ressources de cet ordre. Il se pose aussi du point de vue des producteurs, avec la disparition des fondateurs (autodidactes), la formation de plus en plus professionnalisée des travailleurs de la presse, l'appel à des rédacteurs extérieurs dont l'activité d'écrivain manifeste une certaine recherche de reconnaissance. Il se pose encore du côté du public, de l'image que s'en font les producteurs (et les publicitaires), de la nécessité de le renouveler et de l'étendre en une période de progrès dans la scolarisation de la population française et de recul des classes populaires dans la structure sociologique de cette population.

Cette dialectique innerve la recherche d'équilibre entre le romanesque et l'ouverture au monde réel, l'installation hésitante puis la mise en valeur d'une fonction «guide» qui rapprocherait *Nous Deux* de la presse pratique (ainsi à partir de 1963 le second sous-titre en couverture, «*le plus fort tirage de la presse familiale*»).

Elle peut se lire comme jeu entre le divertissement et le didactisme: les rubriques d'insertion tendent au didactisme, parfois biaisé — ainsi la transmission de savoir à propos de vedettes du spectacle; le romanesque parfois au didactisme, avec les adaptations de romans célèbres en romans-photos et romans dessinés à partir de 1952 (l'entreprise connaît de plus des degrés: adapter *Anna Karénine* ou *Le Wagon 303* n'a pas tout à fait le même sens; pas plus que de présenter *Les Misérables* en costumes d'«époque» ou *Madame Bovary* à la sauce 73...), les adaptations de plus en plus nombreuses dans les dernières années du feuilleton écrit (à partir de 1983), ou, dans un tout autre registre, à partir de 1989, le «témoignage» bientôt commenté par un spécialiste.

Elle se lit donc, pour les récits, comme tension entre la littérarité, l'artistique, et la transparence.

Elle commande ainsi un jeu complexe autour de l'onymat. La première règle qui prévaut dans *Nous Deux* (au rebours de la politique de *Grand Hôtel*) est en effet celle de l'anonymat, qui tend à naturaliser la fiction, et qui correspond au champ culturel de grande diffusion, où les producteurs sont assujettis aux lois du marché par le biais d'un éditeur spécialisé, et ne connaissent guère de relation avec le public que par la médiation des chiffres de vente (cf. BOLTANSKI 1985). Pour

les romans-feuilletons, la règle est celle des pseudonymes:
ceux-ci certes maintiennent la notion d'un auteur (le feuilleton se donnant comme le plus «littéraire» des genres), créant
même dans les années cinquante un effet de reconnaissance
(le nouveau roman de tel signataire étant référé au précé-
dent), mais de reconnaissance purement interne, sans corrélation avec les champs culturels légitimes. Dans les années
soixante, la règle de l'anonymat se distend de plus en plus,
avec l'utilisation de vedettes comme acteurs de romans-photos à partir de 1964, la nomination d'acteurs ordinaires après
1967 (d'abord pour les adaptations, croisant ici deux pratiques de valorisation), et, signe d'une certaine autonomisation de la forme esthétique, la nomination de réali-
sateurs (essentiellement Mario Padovan, le réalisateur des
romans-photos à vedettes); cette politique allant évidemment
de pair avec l'esthétisation croissante du roman-photo, elle
décroît nettement après 1975; dans les années 80 de nouvelles
tentatives de légitimation mettent l'accent sur les éléments
essentiels de la nouvelle stratégie éditoriale, avec la nomination (souvent par pseudonyme) des auteurs de nouvelles,
la présence de génériques par les romans-photos, la constitution d'une équipe régulière d'écrivains pour les romans en
volume, mais aussi la signature des rubriques d'insertion et
de l'éditorial. Pourtant, un magazine n'émane le plus souvent
que d'un groupe diffus de rédacteurs; dans le cas de *Nous
Deux*, il n'est pas sûr que les lecteurs cherchent à les identi-
fier, ni qu'ils identifient le journal à un émetteur déterminé
(pas même à Cino del Duca — dont la mort fut d'ailleurs
fort discrètement évoquée dans *Nous Deux*). A aucun niveau
les auteurs et journalistes ne se trouvent placés dans la position classique du créateur légitime.

Pratiques complexes de valorisation, au total, avec deux
pics dans cette politique, les années 65-75 et l'après 1985,
qui attestent la transformation des politiques éditoriales. D'une

part del Duca, ayant sans doute conservé son «instinct» d'éditeur populaire, mais devenu industriel de presse, propriétaire d'écurie de chevaux de courses, entré au *Who's who*, utilisant ses relations mondaines (notamment celles avec Bruno Cocatrix, au moment de l'invention du roman-photo à vedette), sa carrière d'éditeur «noble» (engageant Paul Vialar pour une rubrique dans *Nous Deux* de 1961 à 1964) et de directeur de quotidien (introduisant les «actualités» dans la presse du cœur); puis sa femme, qui poursuit sa politique avant de choisir de gérer le groupe de presse à l'économie. Et d'autre part une équipe intégrée dans un groupe industriel qui demande une certaine rentabilité, devant légitimer le titre afin d'obtenir une part du marché publicitaire en même temps qu'elle doit se légitimer à ses propres yeux. Evolution qui peut être tenue pour le signe de la transformation de l'industrie de la presse en France. Et aussi bien de l'évolution sociale dans son ensemble, et notamment celle de l'univers populaire et de sa place dans la société globale.

V

ENCORE DES QUESTIONS...

Ce bilan procède évidemment d'une analyse après coup de l'évolution d'un magazine, de la position d'un chercheur qui pose sur lui un regard qu'un lecteur ordinaire, pris dans la contemporanéité d'une consommation hebdomadaire où l'on ne se retourne pas spontanément vers le passé, ne porte jamais. Alors que le magazine fait naturellement sens pour son lecteur (sinon pourquoi l'achèterait ou l'emprunterait-il?), par sa position même le chercheur doit s'interroger sur ce sens. Il doit le faire en se défiant de la nostalgie, particulièrement lorsqu'il est confronté à un produit «populaire», toujours plus facile à accepter quand il est désarmé par la distance temporelle; mais en se défiant surtout d'une image toute faite, celle d'une forme vide qui ne se remplirait que d'éléments disparates, nés ailleurs (plus «haut») et trivialisés au terme d'un parcours linéaire descendant, où seule l'«avant-garde» apparaît comme autonome et dynamique; ou au mieux comme une forme simple, voire simpliste. L'effort étant ici de penser la complexité.

On doit ainsi s'interroger sur le lien entre le féminin et l'intime combinaison de la fiction, du sentimental et de l'image qui fonde l'identité du magazine (selon les estimations du CESP la proportion d'hommes dans son lectorat décroît de 41% en 1957 à 22% en 1992). Ce lien problématique entre l'affirmation de la féminité et l'investissement sentimental fixe aussi l'identité du titre aux yeux de l'extérieur, et généra bon nombre de condamnations, surtout à partir des années 70. Dès le début du siècle, l'affinité entre femme et feuilleton, la division sexuelle de la lecture populaire sont affirmées (THIESSE 1984) (l'affirmation de la divison excède sans doute sa réalisation, mais témoigne d'une représentation forte de sa nécessité); dès le XVIIème siècle au moins, une évidence s'était imposée: le roman est chose femelle, et tous deux doivent être *«relégués dans les sphères de l'intimité et de la passivité»* (DANAHY 1976). Mais l'affirmation de ce lien est plus complexe qu'il n'y paraît, là encore: les annonces, avertissements et éditoriaux sont souvent adressés à la lectrice mais reconnaissent également une lecture en couple; les nouvelles soi-disant autobiographiques sont centrées généralement, mais pas systématiquement, sur une femme; la nouvelle policière ou d'aventures est explicitement destinée à la lecture masculine à partir de 1956... Et la première marque distinctive du magazine est la présence d'un couple en couverture, et non d'une femme seule.

La question, symétrique, du lien entre le «populaire», l'image et le récit (notamment sentimental) apparaît toutefois comme plus riche de perspectives et plus sensible encore. Evelyne Sullerot divise ainsi la presse féminine en trois segments, aux dénominations hétérogènes: «moderne», «pratique»; et «populaire» pour la presse du cœur, comme par évidence; de même, les critiques de cette presse génèreront à partir des années cinquante nombre de variations misérabilistes en guise de description du lectorat (pour les détails, voir infra VII.4). La notion même de «populaire» est malaisée à définir; mais c'est d'abord là que se joue l'identité de *Nous Deux* et la production de son lectorat: populaire dans un premier temps par l'héritage culturel; populaire par le succès (et donc moins populaire aujourd'hui); populaire par la sur représentation des couches ouvrières dans le lectorat. Mais on peut concevoir aussi cette «popularité» comme liée à l'organisation d'un rituel (rubriques toujours dans le même ordre, notamment)

qui fonde le plaisir du lecteur sur l'habitude et la reconnaissance, sur l'appel à des archétypes thématiques et struc-
turels. Et aussi, et peut-être surtout, comme expression de
son discrédit aux yeux des instances de légitimation? *Nous
Deux* populaire donc parce qu'industrie culturelle, sans euphémisation du rapport économique entre l'objet produit et
le public qui le consomme (c'est d'autant plus «grave»
qu'il s'agit pour une bonne part de fiction); populaire
autant que féminin par son lien avec la fiction, le sentimental, l'image, ces trois vecteurs sensibles du divertissement
que l'on représente ordinairement comme instrument de
passivité, puissant moyen d'action (qu'il faudrait donc
contrôler) sur des récepteurs fragiles (foule, femme, enfant,
peuple)?

La question essentielle qui se pose au long de ce parcours
diachronique, c'est finalement la possibilité d'en mener
l'analyse en termes de qualité. Or cela ne s'avère possible
qu'à partir du moment où l'on pose ce concept de qualité en
rapport avec un public et ses goûts, et non comme une valeur
absolue. L'analyse permet donc de s'interroger particulièrement sur la définition d'un goût «populaire», et sur sa place
au sein de la société «globale».

Selon Bourdieu ce goût relèverait d'une esthétique «*anti-
kantienne*», se fonderait sur l'affirmation de la continuité de
l'art et de la vie, se refuserait à autonomiser le jugement
esthétique et se réfèrerait dans tous ses jugements aux normes
de la morale ou de l'agrément. Selon lui, ce goût «*se définit
par rapport aux esthétiques savantes*» et il repousse «*la tentation de prêter la cohérence d'une esthétique systématique aux
prises de position objectivement esthétiques des classes populaires*»
(BOURDIEU 1979, p. 33 et 42-3). Or il apparaît bien que
des éléments constitutifs de *Nous Deux*, et notamment ses
genres fictionnels, connaissent des hiérarchies et des évolu-

tions internes, que certaines d'entre elles permettent l'apparition de styles différenciés; bref, que ces éléments relèvent d'une esthétique construite. Et d'une esthétique qui propose des codes en partie autonomes à ses consommateurs; qui se révèle capable de «digérer» des éléments venus du «dehors» et de les inscrire dans une logique spécifique. Et si l'on peut reconnaître une esthétique (au moins en partie) spécifique au niveau de la production du magazine, on la lit encore plus clairement dans les goûts dont témoignent les réactions de ses lecteurs. Son histoire peut de fait être lue comme celle des réponses à un goût qui demeure particulier et semble se déployer dans l'indifférence aux normes de la légitimité, alors même que les producteurs semblent progressivement contraints à en tenir compte. Le parti de relativisme culturel qui est apparu comme fondement nécessaire à l'analyse d'un tel objet conduit alors à penser cette continuité entre l'art et la vie non comme absence d'esthétique constituée, mais comme esthétique construite *autrement*. C'est-à-dire à penser la coexistence, dans un même espace culturel et social, de deux logiques fondamentalement opposées.

Pour Claude Lafarge les compétences des diverses classes de public s'opposent doublement: par leur capacité à reconnaître une fiction (leur pouvoir de constitution esthétique) et par la mise en scène de leur rapport à l'œuvre (cf. LAFARGE 1983).

La réception ordinaire de *Nous Deux* relève en effet d'une mise en scène qui s'oppose au mode de lecture lettrée. Mais Lafarge lie cette opposition des mises en scène à une opposition entre impuissance ou pouvoir de constitution esthétique. Cette opposition jouerait autour de la capacité à distinguer réel et fiction, à adopter la bonne posture face au texte fictionnel; et d'autre part autour de la «*compétence*» à revendiquer «*le pouvoir de reconnaître l'unique, de le distinguer de la masse des produits homologues (qui sont renvoyés à l'indif-*

férencié) et de l'apprécier dans sa singularité» (LAFARGE 1983, p. 75-6).

Que l'on parle de «paralittérature», de «littérature populaire», «de masse», ou «d'industrie culturelle» (au sens d'Adorno), quel que soit donc le contexte où il est d'usage d'inscrire la presse du cœur, la répétitivité semble en effet une évidence. Et si l'on s'interroge sur la possibilité d'exercer un jugement de goût en ces domaines, et par là de reconnaître des différences entre les divers produits présentés, la réponse est déterminée par la perception de cette répétitivité.

Pour l'«esthétique de la réception», «*l'écart entre l'horizon d'attente et l'œuvre, (...) détermine (...) le caractère proprement artistique d'une œuvre littéraire: lorsque cette distance diminue et que la conscience réceptrice n'est plus contrainte à se réorienter vers l'horizon d'une expérience encore inconnue, l'œuvre se rapproche du domaine de l'art «culinaire», du simple divertissement. Celui-ci se définit, selon l'esthétique de la réception, précisément par le fait qu'il n'exige aucun changement d'horizon, mais comble au contraire parfaitement l'attente suscitée par les orientations du goût régnant*» (JAUSS 1978, p. 53). Divertissement et jugement esthétique s'excluent donc mutuellement, et les textes d'«art culinaire» ne semblent pas pouvoir être différenciés les uns des autres.

Leur qualité, tout au plus, tiendrait à leur perfection programmatique. La position de Todorov, «*il y a toutefois un domaine heureux où ce jeu entre l'œuvre et son genre n'existe pas: celui de la littérature de masse. Le chef-d'œuvre habituel, en un certain sens, n'entre dans aucun genre si ce n'est le sien propre; mais le chef-d'œuvre de la littérature de masse est précisément celui qui s'inscrit le mieux dans son genre*» (TODOROV 1980, p. 100), se retrouve chez la plupart des analystes de «paralittérature» ou de «littérature populaire». Décrivant les pratiques de réception populaires, Anne-Marie Thiesse emprunte la même démarche: «*les membres des classes populaires (...) tiennent pour «naturelle» une norme conventionnelle, celle qui régit les œuvres connues. En foi de quoi, ils apprécieront d'autant plus un ouvrage que celui-ci s'approche plus de la perfection conventionnelle, c'est-à-dire du modèle implicite*» (THIESSE 1984, p. 131).

Toutefois, affirmer que seul un minimum de désordre peut être toléré au sein de ce que Daniel Couégnas défini comme «*processus de communication pauvre*» (COUEGNAS 1992, p. 112) laisse insoluble le problème de l'évolution possible des formes esthétiques perçues comme stéréotypées, ne permet pas davantage de comprendre comment une forme nouvelle (comme le roman dessiné, ou le roman-photo) peut soudain apparaître et connaître un succès immédiat, et interdit de percevoir la formation de styles (personnels ou intra-génériques) à l'intérieur du cadre d'un genre quelconque.

Accorder attention exclusivement aux stéréotypes dans la production et la réception des produits «paralittéraires» de l'industrie culturelle occulte du même coup la présence de stéréotypes dans toute production culturelle. Le modèle de la qualité «paralittéraire» comme simple perfection programmatique construit la consommation de ces produits comme envers de la disposition lettrée. Mais on peut considérer que «*le fait que le «conforme» et le «subversif» soient des valeurs* situées *dans l'histoire comme dans la société, ne doit cependant pas masquer le caractère universel de leur usage: évaluer, c'est toujours juger à la fois des stéréotypes et des figurations originales*» (DUFAYS 1994, p. 212). Cette position ne dessine certes pas des perspectives aussi tranchées et aussi satisfaisantes pour la clarté du propos et la réassurance de la disposition lettrée, mais permet de penser ce que le premier modèle interdit.

Si l'on observe ou interroge des lecteurs de la presse du cœur, on constate que leur lecture semble «marcher à l'oubli»: on obtient fort difficilement une réponse quand on demande de nommer un récit particulièrement apprécié. Les différences génériques ne semblent pas toujours mémorisées: tel lecteur peut ainsi avoir gardé le souvenir d'un émouvant roman dessiné, qui s'avère être un roman-feuilleton...

Cet oubli apparent pourrait être interprété comme un processus permettant au lecteur de maintenir un minimum d'information dans un procès de communication qui en est a priori dépourvu. Mais de fait, sous l'oubli joué, en dépit d'un manque d'intérêt fréquent envers les caractéristiques formelles, les lecteurs conservent mémoire de certains récits marquants; et ils ont généralement conscience de la permanence des structures narratives (ils reconnaissent même volontiers que c'est «*cousu de fil blanc*», avec un certain détachement narquois).

Et cela ne signifie pas que ces lecteurs n'exercent aucune discrimination. La plupart établissent une hiérarchie entre les diverses rubriques offertes par le magazine, et entre les genres narratifs, notamment en distribuant leur lecture en fonction des contraintes de l'emploi du temps, et en excluant éventuellement certaines rubriques ou genres fictionnels de leur consommation. Parmi ceux qui établissent des collections, tous ne conservent pas l'ensemble du magazine, ou tous les numéros, mais beaucoup font un tri. A l'intérieur même d'un genre, la discrimination joue aussi, et toutes les nuances sont possibles, depuis le texte que l'on prête en demandant à ce qu'il soit rendu pour conservation, jusqu'à celui dont on abandonne la lecture.

L'acceptation et la naturalisation des règles de fonctionnement du texte s'accompagne donc d'une distance. Et il y a là un choix (et un jeu), même s'il n'est pas formulé grâce aux catégories classiques de la critique légitime. Le public de la presse du cœur affirme donc là son pouvoir de constitution esthétique, comme il l'affirme quand son regard (même guidé) constitue telle rubrique en fiction. En fonction de leurs goûts et aptitudes individuels, certains lecteurs se révèlent d'ailleurs attentifs à l'esthétique de certains genres (à tout le moins des genres iconiques), ou à la présentation générale du magazine.

On retrouve des constats du même ordre chez les sociologues de la lecture. Ainsi Patrick Parmentier présentant une lectrice de romans sentimentaux qui «*quand elle ose*» «*fait des différences entre deux collections, exprime des jugements qualitatifs au sein de ce qu'un cultivé considère comme un magma indifférencié*» (PARMENTIER 1988).

Ce pouvoir de constitution esthétique ne s'accompagne certes pas d'un véritable discours critique abstrait, mais d'une appréciation, ou d'une véritable critique en actes: afin de marquer la qualité particulière d'un texte, il est d'usage de le paraphraser pour son entourage; le ton utilisé joue un rôle essentiel pour la modulation de l'appréciation. L'activité critique porte sur le narré plus que sur le mode de narration; même quand il s'agit d'expliquer le refus de telle ou telle forme narrative, la justification renvoie essentiellement à ce qui y est raconté ou montré. Il n'y a donc pas absence d'activité critique (plaisir «*non commentable*», «*sans concepts*» apparents [THIESSE 1988, p. 43]), mais opposition de deux modes de critique, un mode légitime fondé sur le discours et portant d'abord attention à la forme, un mode illégitime fondé sur le récit, portant d'abord attention à l'anecdote.

Ce travail de la réception est généralement dénié aux consommateurs de divertissement de masse, réputés passifs et désarmés. Mais enquêtant sur la réception de la télévision, Michel Souchon a de même rencontré chez des élèves de Saint-Etienne «*l'humour, la distance critique, le scepticisme, la sélectivité, le refus des émissions cryptées livrées sans clés d'accès, la réinterprétation des messages avec l'outillage intellectuel et psychologique disponible, la recomposition des fictions dans un système narratif souvent différent de l'original, etc.»* (SOUCHON 1969). Le tout est sans doute affaire de regard pour le chercheur...

Certes, ce pouvoir de constitution esthétique, qui seul peut donner sens à ce qui est lu, ne s'exerce qu'à l'intérieur du contexte de la presse du cœur. Il est nécessaire à la recevabilité du magazine, mais non reconnu à l'extérieur, à l'aune de la compétence légitime. La lecture de la presse du cœur fait appel à un éventail relativement subtil d'expertise, mais elle demeure une de ces *«formes culturelles provinciales»* (SCHUDSON 1987), ignorée, et même rejetée par la culture légitime, une activité, et non réellement un pouvoir. D'ailleurs, comme tout divertissement de masse moderne, la presse du cœur n'est pas produite par, mais pour un public culturellement dominé.

Mais si elle n'en est pas l'émanation, si elle ne reflète pas nécessairement ses valeurs (pour autant que cette communauté imaginée dispose d'un unique système de valeurs), son existence, sa consommation, et le mépris qui pèse sur elle, témoignent d'un mode spécifique de consommation culturelle, d'une autonomie persistante; d'une autonomie que les consommateurs eux-mêmes perçoivent le plus souvent, conscients qu'ils sont d'avoir des goûts «à part». Cette culture dominée *«fonctionne encore comme culture, c'est-à-dire comme maîtrise symbolique d'une condition sociale, indépendamment des rapports inégaux qu'elle entretient avec d'autres cultures»* (GRIGNON-PASSERON 1989, p. 88). L'exercice de discriminations au sein de ce qui est proposé à la lecture par un magazine comme *Nous Deux* relève bien d'une activité esthétique, qui hiérarchise qualitativement les textes, en fonction de leur nature, et de leur réalisation individuelle. Il commande leur compréhension même, et la nature du plaisir que promet leur lecture.

Ce plaisir tient d'abord à l'acte, que certains lecteurs décrivent comme anti-dépresseur, ou anti-stress. Si l'on suit la démarche de Janice Radway, l'essentiel se tiendrait là, dans l'acte même, «*pleasurable and restorative*», qui permet dans le cas de la «romance» l'affirmation du moi féminin.

Mais le plaisir tient aussi à la position que les textes de fiction octroient à leur lecteur.

Le fonctionnement réglé de textes fondés en partie sur la répétition appelle en effet une jouissance lectorale de reconnaissance des règles, par la constitution d'une encyclopédie qui seule permet une réelle compréhension. Par le dispositif textuel souvent, mais surtout grâce à sa maîtrise de cette encyclopédie, le lecteur est placé en position d'omniscience: il décrypte les indices donnés dès les premières pages, puis tout au long du récit, et peut tenter de reconnaître le bon «scénario» dès les premiers aléas, faire une hypothèse sur la régularité du fonctionnement textuel. Et il en sait plus que le personnage; ce principe commande par exemple le motif de la prédestination dans la scène de première rencontre, mais plus largement permet d'anticiper la fin heureuse, de supposer l'existence et la permanence du couple, alors même que les partenaires semblent en douter ou ne l'ont pas encore reconnue (cf. CONSTANS 1991); il s'agit là d'un plaisir que certains lecteurs décrivent précisément, voire rapprochent de l'émotion sentimentale vécue.

Plaisir de la recognition, donc, mais nécessairement couplé à celui de la surprise. Car la structure vit, et pour cela se nourrit de variations, suffisamment riches en information pour que parfois l'enrichissement quantitatif bascule en transformations qualitatives. Toute l'histoire de *Nous Deux* le montre. Sa réception joue nécessairement sur la même dialectique, motivant et décevant la lecture pour entretenir le désir de lire, à l'instar de toute lecture (cf. CHARLES 1977); là aussi, certains lecteurs formulent précisément cette nécessité de la surprise.

Le plaisir, enfin, est généré par la qualité de chaque texte. Pour décrire plus avant cette jouissance lectorale, on se réfèrera ici plus précisément aux propositions de Kim Christian Schroder (SCHRODER 1993) et à celles de Hans Robert Jauss (JAUSS 1979) (qui semblent d'ailleurs s'appuyer toutes deux sur Habermas [cf notamment HABERMAS 1987] et permettent de relire les propositions de Michel Picard sur le jeu de la lecture [PICARD 1986]).

La dimension esthétique (que Jauss nomme *aisthesis*), liée à la conscience du code, se manifeste dans toute lecture, dès que celle-ci repose sur un jeu d'hypothèses déterminé par l'encyclopédie du lectant. Mais elle s'estime aussi en degrés, et s'explicite, dès que le lecteur apprécie le texte (fût-ce par «*cette semaine, le roman est vraiment bien*», ou «*c'est complètement nul*»), mène la critique en actes déjà décrite, ou s'amuse de retour de tel acteur dans les romans-photos, de telle situation dramatique à quelques semaines d'intervalle...

La dimension éthique (ou *catharsis*) permet au lecteur d'établir un lien entre ce qu'il lit et ce qu'il vit et donc se joue au point de fusion de la position du lu et de celle du lectant. Par là le lecteur peut dépasser — plus ou moins selon les textes, justement — la distance qu'il établit ordinairement entre lui et sa lecture, passer par le texte pour «*entrer chez*» lui (BIANCHI-BOURGEOIS 1992, p. 80). Cette dimension peut se manifester par exemple quand certains lecteurs déplorent l'immoralité grandissante, qui dans les récits modernes mène immédiatement de la déclaration au lit, quand l'un d'entre eux sélectionne un récit pour sa valeur d'exemple; mais avant tout dans le dialogue du lecteur avec lui-même, quand il fait retour sur sa propre vie à partir du texte qu'il découvre, et tâche d'approfondir sa compréhension de soi, son interprétation, par la médiation du récit (cf. RICŒUR 1990). Ainsi, la recevabilité de *Nous Deux*, de son récit sentimental, et de chacun de ses textes, dépend aussi de leur intégration dans le(s) contexte(s) où vit le lecteur, de leur rôle au sein des interactions sociales, et de leur capacité à susciter l'introspection. La qualité du magazine et de ses textes se mesure donc également en termes de justesse.

La dimension extatique (ou *poiesis*) fera que le texte parlera à l'imagination des récepteurs, suspendra provisoirement les limites de la rationalité, de l'ego, de la conscience. Sa présence permet donc la création d'un monde propre au texte, et l'illusion du lu, les mécanismes de la sympathie avec les personnages, et donc identification(s) et projection. Mais, dans un magazine où sont juxtaposés des récits de fiction et des rubriques d'insertion, elle fonde aussi leur séparation; l'acceptabilité du récit de fiction relève d'une hystérisis qui suppose qu'on ne lui applique pas les critères de jugement courant employés dans la vie sociale (cf. LAFARGE 1983, p. 93), mais exclut l'erreur ou la tromperie (cf. LEENHARDT 1994) et fonctionne donc à l'authenticité, quand le discours lié au réel fonctionne à la vérité et au sérieux. C'est donc la possibilité d'une lecture extatique qui différencie la réception du texte de fiction de celle des autres modalités discursives, et cette dimension joue un rôle essentiel dans l'appréciation d'un texte spécifique. Là aussi, les témoignages des lecteurs en font nettement état.

On peut également supposer que certains textes recèlent une dimension érotique. On pourrait interpréter ainsi la présence de la presse du cœur dans les casernes (cf. ESCARPIT 1966). Mais cette dimension fut sans doute également présente dans la fascination que purent exercer les corps idéaux des protagonistes de roman dessiné, par exemple. Et, dans la dernière période de *Nous Deux*, l'appel à cette dimension devient explicite dans bon nombre de nouvelles et de romans en supplément.

La posture participative, la projection et l'identification, perdent ici de leur évidence. Elles ne disparaissent pourtant pas totalement. Le plaisir de la lecture vient pour partie d'un investissement émotif: le lecteur peut partager les émotions prêtées aux personnages, éprouver des émotions envers eux, ou les juger, comme s'ils étaient des personnes réelles. Il peut aussi utiliser ces personnages et leur parcours afin de progresser dans la connaissance de lui-même. Cet investissement repose sur une illusion, mais en partie jouée; car il n'est pas lié à la dépossession de soi, à l'identification systématique à l'autre, à la dissolution de l'être réel dans l'être rêvé.

La sympathie avec les personnages, la participation émotionnelle à l'intrigue, s'associent en effet au jeu de la maîtrise du code, dans une lecture «clivée» où «*le lecteur peut dire sans cesse:* je sais bien que ce ne sont que des mots, mais tout de même... *(je m'émeus comme si des mots énonçaient une réalité). (...) je prends plaisir à m'entendre raconter une histoire dont je connais la fin: je sais et je ne sais pas, je fais vis-à-vis de moi-même comme si je ne savais pas: je sais bien (...),* mais tout de même » (BARTHES 1973, pp. 1493-1530), et faire sien le désir de Wilhem Meister d'«*être en même temps parmi les enchantés et les enchanteurs, en même temps prendre part secrètement au jeu et comme spectateur jouir de l'illusion*» (GOETHE 1983, p. 49).

Rien en effet dans ce qu'on peut percevoir de l'expérience des lecteurs de *Nous Deux* n'oblige à les exclure du jeu que décrivent Barthes ou Picard. L'entrelacement entre les lieux, les activités quotidiennes et les moments de lecture observés chez les consommateurs de la presse du cœur montre qu'ils perdent rarement leur conscience de «*liseur*», engagé dans un cadre concret, en même temps qu'ils savent jouer de la position du «*lu*» et de celle du «*lectant*», même si cette jouissance se vit et s'exprime autrement que dans la lecture lettrée.

Le lecteur de *Nous Deux* peut donc tenir un rôle actif, disposer de l'«*autonomie (...) du joueur*» (BIANCHI-BOURGEOIS 1992, p. 49): s'il accepte le texte auquel il est confronté, il dispose de plusieurs postures auxquelles il peut faire appel, alternativement ou conjointement, pendant la lecture d'un même texte. Cette posture lectorale ne dépend naturellement pas seulement d'une volonté du lecteur, mais de ce que le texte génère, par sa construction et sa nature, et par sa qualité spécifique.

Si la qualité d'un texte, du récit sentimental de *Nous Deux*, et au delà de tout le magazine, en même temps que le plaisir qu'ils peuvent offrir aux lecteurs, est liée à l'interaction des dimensions éthique, esthétique et extatique (voire érotique), la baisse d'influence du titre pourrait s'expliquer ici: dans les discordances grandissantes entre l'encodage et le décodage, dans une dimensions esthétique mal contrôlée, dans un manque de justesse autant que d'authenticité.

Mais si dans la lecture de la presse du cœur, les modalités d'exercice du jugement de goût en même temps que les conditions de la jouissance sont liées à ce «*pouvoir de constitution esthétique*» qu'un discours critique dénie, à ce que la lecture lettrée revendique comme privilège, on doit s'interroger ici encore sur les conditions d'exercice d'une culture dominée.

La différenciation des lectures légitime et illégitime est évidente dans leur mise en scène, dans la place qui leur est accordée, dans l'importance octroyée à l'abstraction et à l'effort; mais elle l'est sans doute moins qu'on le prétend généralement dans l'acte lui-même. Le lien entre le peuple, la femme, et la matière, la nature, la sauvagerie est sans doute nécessaire à la représentation d'une posture illégitime comme envers de la posture légitime, et par là nécessaire à la construction de la légitimité culturelle; mais si l'on tente d'objectiver ces positions, le lien entre le refus de l'abstraction et la primarité n'apparaît plus aussi évident. La lecture de *Nous Deux* apparaît en effet, à l'instar de toute lecture, comme l'exercice actif d'une maîtrise symbolique, exercice sensé méritant examen, et capable de fabriquer du sens...

Il est évident que ce sens est lié à ce qui façonne les structures de sa compréhension, construit sa personnalité, et le
constitue en marchandise, à ce qui assure sa spécificité — et
entretient son déficit de légitimité; c'est-à-dire son appartenance à la «presse du cœur», dont il sera le leader dès 1950,
et dont il est aujourd'hui le dernier représentant; en d'autres
termes à la place qu'il accorde à la fiction sentimentale.
«Apprendre sa langue» signifie alors apprendre le code de
cette narration, ou plutôt tenter d'en construire un décodage
vraisemblable. Et peut permettre de tenter de répondre à une
nouvelle question: en quoi *Nous Deux* participe-t-il de «la»
modernité? Le discours même des producteurs tend, dans les
années 80, à le présenter comme jusque là isolé de la marche
du monde, reprenant l'argumentaire critique habituel: forme
populaire, *Nous Deux* est étranger à l'organisation sociale et
tout particulièrement à la culture moderne et à la libéralisa-
tion des mœurs. Pour autant, la question mérite examen.

16. Beauté affirmée, beauté montrée?
«Jamais je ne t'oublierai», octobre 1951

VI

APPRENDRE LA LANGUE DU CŒUR...

On peut métaphoriquement décrire l'encyclopédie sentimentale, constamment réassurée (et retouchée) à travers la fiction de *Nous Deux*, comme une langue. Au demeurant,
comme pour l'histoire du magazine, on ne trouvera ici que
le lapidaire résumé d'une analyse fondée sur une lecture quasi-
exhaustive des récits de *Nous Deux* (pour plus de détails, voir
GIET 1997).

Quel élément peut être considéré comme le constituant
premier de ce code et de son «vocabulaire»? Une réponse
s'impose: le personnage, à la fois moteur de l'anecdote en tant
qu'actant, porteur de sens en ce qu'il fait vivre l'axiomatique
sentimentale, et support de l'investissement des lecteurs.
Les personnages du récit sentimental peuvent être analysés,
à l'instar de tout personnage narratif, comme résultantes
d'une étiquette sémantique discontinue (cf. HAMON 1977).
Mais le récit sentimental a ici une spécificité: c'est un couple
et non un individu — serait-ce en quête d'un autre — qui fait
fonctionner l'intrigue; on verra en effet qu'à la fin du parcours
qu'ils construisent à deux, chaque membre du couple fait
advenir l'autre à lui-même; et la réciprocité est ici essentielle.

L'étude précise des étiquettes sémantiques des personnages, de leurs modulations génériques et de leur évolution
dans le temps, montre l'importance de l'anthroponymie et
de la position sociale dans la définition des héros et la sémantique sentimentale (et combien cette définition est dépendante de la culture environnante — et tout particulièrement
de l'évolution des rôles féminins). Mais la place accordée à

17. Le corps et le pouvoir, «Esclave de son cœur»
(ou la punition du violeur), mai 1956

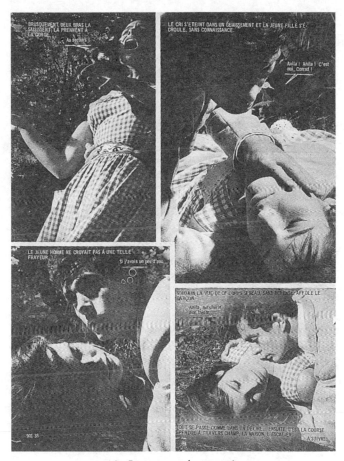

18. Le corps et le pouvoir,
«La faute», septembre 1964

la beauté des corps est plus riche de sens encore. Car si la doxa prétend que les héros sentimentaux sont tous beaux (et souvent riches), une étude précise montre au contraire que au moins jusque dans les années 80, et plus ouvertement dans les récits les plus mimétiques, l'excès de beauté et l'insistance descriptive signalent soit des opposants soit des héros qui devront payer le prix de cette apparence pour enfin s'intégrer dans le monde réel. A travers les modulations génériques et chronologiques, la description des corps renvoie ici à une sémantique intangible qui condamne l'attachement mondain et le solipsisme. S'agit-il là d'une sémantique originale?

Si le code sentimental repose sur les personnages comme éléments constitutifs, la description de sa «morphologie» s'intéressera aux multiples configurations qui les mettent en jeu; ces configurations dont l'infinie variété des réalisations concrètes permet d'autonomiser chaque récit et d'afficher l'inépuisable diversité du magazine. L'analyse exhaustive de ces motifs serait interminable, mais quelques uns apparaissent comme particulièrement riches de sens et de perspectives. Ainsi alors que les motifs de la rencontre, du baiser et de la déclaration n'évoluent guère et ne se distinguent pas plus de la doxa littéraire, la représentation du sexe est soumise à un changement radical au long des années 70. En effet, après avoir été massivement rangé du côté de la gourmandise et de l'abandon, ou inscrit dans un rapport de pouvoir (par le viol comme par la lutte conjugale), bref inscrit dans une logique de la fornication et de sa punition (cf. FOUCAULT 1982), le sexe devient révélateur de la vérité des cœurs et des âmes. On assiste là à un retournement du statut du corps (qu'on lisait déjà à travers l'impératif récent de beauté pour les héros), qui semble là aussi en concordance avec la culture environnante. Mais ce retournement enrichit le scénario sentimental plus qu'il ne le modifie: la définition de l'amour importe toujours davantage que son exhibition.

En poursuivant la métaphore linguistique, l'analyse de la «syntaxe» permet de faire le point sur la construction des intrigues, d'en déterminer les étapes essentielles, les schémas canoniques (la Rencontre, la Reconstitution, ou la Redistribution), les propositions marginales (qui concourrent par l'exception à la même sémantique), et surtout les évolutions. On constate par là que, tous genres confondus, *Nous Deux* construisit son premier succès sur un modèle hérité du «roman grec», où la plus grande part des obstacles qui séparent le couple de héros provient de l'extérieur, et passa progressivement — et à des rythmes différents selon les genres — à un récit fondé sur les obstacles intérieurs qui empêchent les héros de se réaliser, et de plus en plus d'accepter l'amour. En ce sens, ce passage tendanciel du «roman d'épreuve» au «roman de formation» (cf. BAKHTINE 1978) inscrit là encore le récit sentimental de la presse du cœur dans une logique culturelle intégrée dans la «société globale»; mais réalisée à travers une logique esthétique propre, qui fait de la fin heureuse une règle, et une règle porteuse de sens.

Ainsi, à tous niveaux, les configurations du récit sentimental construisent — et s'appuient sur — une sémantique unique.

Celle-ci repose tout d'abord sur une opposition entre le couple et le monde, un monde rempli d'opposants virtuels — au premier rang desquels la famille, les jeunes gens ayant à s'arracher à leur héritage familial avant de fonder une nouvelle famille. On voit par là combien le récit sentimental s'appuie sur un thème mythique et anthropologique, et comment ce mythe, par la labilité de ses formes, s'intègre dans le mouvement de la modernité, qui accorde de plus en plus d'importance à l'autonomie de l'individu (cf. notamment SINGLY 1996).

Le récit sentimental a surtout à cœur de définir le «bon» amour, par opposition aux «mauvais». Se pose tout d'abord le problème de la chair — à travers le retournement du statut du

19. Le lit révélateur, «Comme deux étrangers»,
n° 1322 p. 59 et p. 61, octobre 1972

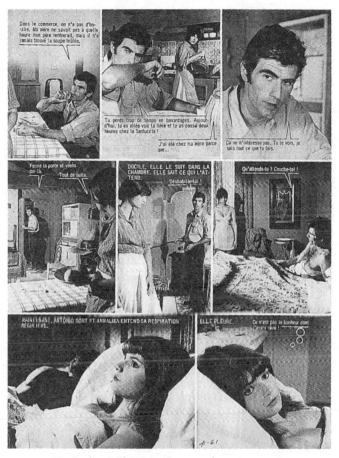

20. Le lit révélateur, «Comme deux étrangers»,
nº 1322 p. 59 et p. 61, octobre 1972

corps perdure le problème du contrôle des élans charnels et de leur socialisation. Mais surtout celui de la supposée fusion de deux en un. On tient généralement pour évident que la presse du cœur (et tout le récit sentimental «populaire») s'appuie sur une sémantique originale (et ridicule voire dangereuse), sur la profanisation de l'amour passion (notamment ROUGEMONT 1972). Or une étude précise et large des récits offerts par *Nous Deux* mène à dépasser radicalement cette idée reçue. En posant que le bon amour est celui de l'élan réciproque, du refus tant du pouvoir que de l'abandon, cette sémantique écarte la simple «philia» et l'«éros» et fait se tenir l'amour véritable sur la crête étroite et malaisée de l'«agapè» (cf. COMTE-SPONVILLE 1995). A travers l'amour vrai, chacun des deux membres du couple peut enfin naître à lui-même et accoucher l'autre: ces histoires d'amour sont d'abord les récits d'une quête d'identité, d'un passage de l'enfance à l'âge adulte, bref d'une éducation réciproque où le couple fonctionne comme un opérateur. Et cette éducation peut se lire comme un passage du principe de plaisir à celui de réalité.

A tous points de vue, la définition de l'amour entre deux êtres selon *Nous Deux* s'aligne sur la définition de l'amour entre Dieu et ses fidèles selon la patristique chrétienne (cf. ARENDT 1996): don gratuit, refus de la simple concupiscence par refus de l'attachement au provisoire (ce que recommandait déjà Pausanias dans *Le Banquet*), recherche de l'identité profonde par le dépassement des oripeaux du monde et de l'amour-propre.

Ce modèle sentimental s'appuie donc bien sur une profanisation, mais celle de l'amour charité et non de l'amour passion. Ce modèle séculaire s'accorde totalement avec le mouvement de la modernité, et l'exigence de la socialisation des élans. Mais en quoi *Nous Deux* est-il ici original?

Certes il nous conte l'histoire d'une réussite — difficultueuse — quand «La Littérature» consacre plutôt des échecs... Mais si l'énonciation diverge, le message est bien au fond le même, celui de la dénonciation des illusions au nom du primat du réel.

On doit alors se demander pourquoi l'on tient aujourd'hui *Nous Deux* pour «*plus obscène que Sade*» (BARTHES 1977, p. 211), pourquoi l'on représente ordinairement la leçon de la presse du cœur à l'opposé de ce qui y est effectivement dit. Certes, les ambiguités de l'emploi du terme «passion» peuvent inciter à confondre son usage courtois ou romantique et l'affirmation du couple fondé sur l'authenticité qu'il désigne dans le récit sentimental illégitime. Mais la réponse est sans doute à chercher plus avant: le déficit de valeur du titre et de la presse qu'il représente tient-il d'abord à sa sentimentalité? A son usage de la fiction, l'éducation passant ici par le récit — c'est-à-dire l'appel à l'imaginaire — et non par le discours — c'est-à-dire l'appel à la raison? Ou avant tout à son public, dont on présuppose la primarité et la régression, et que l'on exclut au nom même des valeurs qu'un magazine tenu comme «populaire» défend?

L'analyse précise et diachronique de ce vaste corpus reposait sur le refus d'un imaginaire de la lecture populaire (et/ou féminine) supposant que le contenu de textes purement fondés sur les stéréotypes passe sans filtre dans l'imaginaire d'un récepteur passif; elle posait la presse du cœur comme un dispositif textuel et idéologique s'appuyant sur une encyclopédie consruite, dont il faut tâcher d'offrir un décodage vraisemblable. Mais au terme de cette double analyse, la question du sens et de la valeur d'un phénomène comme *Nous Deux* se dérobe encore.

Celui-ci est en effet apparu comme un magazine en mouvement, qui ne peut être pensé que dans la complexité. Mais en dépit de tout la stratégie et l'identité du magazine demeurent centrées sur la fiction sentimentale. Et la diversité de ses manifestes au long de presque cinquante années demeure fondée sur une unité idéologique intangible. Une unité qui justement ne prend sens qu'à travers les variations génériques et la variété des réalisations individuelles (les marges éclairant autant le système que les stéréotypes).

Une unité idéologique, aussi, dont on voit mal ce qui l'isole du champ général de la culture, alors même que *Nous Deux* demeure cantonné dans un de ses départements provinciaux.

L'interrogation sur le sens d'un phénomène comme *Nous Deux* devait donc en passer par une analyse de cette pièce essentielle, le récit sentimental. Mais cette analyse aboutit à une nouvelle interrogation, à laquelle on ne peut tenter de répondre qu'en étendant la perspective au contexte qui détermine l'existence et les conditions d'appréhension de ce phénomène, à l'articulation du magazine et de la société où il est produit et reçu.

VII

NOUS DEUX ET LE MONDE

Comment penser le rapport entre un produit médiatique et une société? C'est en somme poser la «*question fondamenale*» (VERON 1988) de l'articulation entre la production et la réception. Comment s'y composent «*le social et le naturel à travers la chaîne des médiations qu'ils tendent*» (HENNION 1990), comment y joue la dialectique de ce que produit le groupe qui reçoit le magazine et ce que le magazine produit sur le groupe? Dans quelle mesure *Nous Deux* contribue t-il à «*la symbolique par laquelle les sujets sociaux trouvent accès au réel, construisent leur identité et leur communauté, acquièrent la capacité de penser et d'agir, se constituent comme sujets historiques*» (QUERE 1982, p. 84)?

VII.1. *Une image du monde*

Dans quelle mesure *Nous Deux* offre-t-il à ses lecteurs les moyens de comprendre le monde, et de s'y situer? Les cinquante années de sa vie en font un observatoire particulièrement intéressant. Mais la question est complexe. Première étape: dans quelle mesure vise-t-il à représenter le social?

Le seul examen des couvertures — le «programme» du magazine — montre la prééminence d'une logique anhistorique, psychologisante et non sociologisante (GIET 1985). Plus nettement que pour les autres magazines féminins, du fait de l'insertion d'un couple dans un cadre précis et une logique narrative (surtout jusque dans les années 80), les couvertures sont rythmées par les saisons, et par une série d'évènements rituels, liés au cycle des travaux et plaisirs essentiellement ruraux (cueillette du muguet, des cerises, moisson, vendanges, chasse, marrons chauds), et à celui d'évènements festifs (Pâques, Fête des mères, 14 juillet, Tour de France, Sainte-Catherine, Noël). L'arrière-plan est peu socialisé (et de moins en moins au cours du temps), les lieux de travail notamment toujours rares et de plus en plus absents (y compris la maison comme lieu de travail ménager); les couples représentés sont très généralement, et de plus en plus, sans marques sociales identifiables; les ouvriers, tout particulièrement, sont peu nombreux, et les employés de bureau ou de commerce guère plus (ce qui est en cohérence avec la place limitée qui leur est accordée dans les textes de fiction, même les plus mimétiques); alors que chaque année (jusque dans les années 70) verra ses paysans en couverture; ces paysans qui dans les récits sentimentaux figurent de plus en plus couramment la contestation de la logique mondaine par la naturalité. Les couvertures offrent donc une image hors des contingences, où les personnages ont le choix entre activités de loisir (un modèle en progrès à partir des années 60) et inaction. Les activités concrètes ne sont guère que jeux de regards: échange réciproque, ou regard de l'un sur l'autre, beaucoup plus que regards tournés vers l'extérieur; même en temps que support du regard sentimental, le monde a tendance à s'effacer. L'ensemble de ces caractéristiques, plus fortes à partir des années 60 (et notamment par la progressive disparition des dessins de Walter Molino), se renforce encore avec l'usage de la photographie, et plus encore à partir du moment où le magazine cesse d'utiliser des images originales (et recourt donc fréquemment des photos de mode détournées de leur usage, ou des photos de vedettes). Cette logique a-sociale et anhistorique, qui n'a d'ailleurs rien d'original dans le champ de la presse féminine française, est encore plus nette quand on compare les couvertures de *Nous Deux* et celles de *Grand Hôtel*, et tout particulièrement à partir de 1970 (des portraits dessinés [par Molino], puis photographiés, de vedettes de l'actualité, selon une logique volontiers fait diversière).

Qu'en est-il à l'intérieur du magazine? On pourrait a priori opposer rubriques d'«insertion» et fiction. Mais quoi de plus immobile en somme que certaines de ces rubriques, certes soumises au mouvement de la mode, mais reprenant chaque année les mêmes thèmes rituels? Seuls les conseils (droit, orientation professionnelle...), voire les billets moralistes (ceux de «Françoise» dès le début des années 50, ceux de Paul Vialar de 1961 à 1964) témoignent d'un désir explicite d'agir sur le monde «réel»; ils n'occupent qu'un espace restreint dans l'ensemble de la maquette. Par ailleurs, à partir de février 1959, on voit apparaître dans les pages de *Nous Deux* des rubriques qui visent explicitement à rendre compte d'une actualité; celle des vedettes, mais aussi, de août 1959 à septembre 1963, les aventures extraordinaires de gens ordinaires; aujourd'hui, les aventures ordinaires des gens extraordinaires ouvrent le magazine; à cet égard, *Nous Deux* reprend un déplacement du discours de fait divers qui s'est fait jour dans l'ensemble du champ médiatique, et y accorde une place grandissante. Reste à déterminer dans quelle mesure la grille d'interprétation du réel qu'offre le fait divers relève de l'«information», et plus encore permet de témoigner du fonctionnement d'une société...

C'est en fait essentiellement au niveau de la fiction que se font jour, de façon irrégulière, des velléités d'ouverture explicite sur la marche du monde. Notamment à travers certains romans-photos de la fin des années 50 au début des années 70 qui adjoignent à l'intrigue sentimentale la description, et souvent la condamnation, d'une société (problèmes de pauvreté et d'immigration, de lutte entre le Nord et le Sud, patriarcat et mafia, machisme...). Mais dans le cadre d'un magazine français, cette ouverture est en grande partie désamorcée, puisqu'elle témoigne d'une réalité italienne (la plupart des récits demeurant situés en Italie dans leur version française).

Il n'est pas sûr que *Nous Deux* ait tout au long de son histoire (pris d'ailleurs entre les feux croisés de critiques parfois tactiquement alliées, mais idéologiquement antagonistes) veillé à coller au plus près aux changements sociaux et notamment aux revendications féministes, qu'il ait manifesté l'«*adaptabilité féroce*» dont les éditions Harlequin semblent faire preuve (BETTINOTTI 1990, p. 110). Mais un certain nombre de textes, et notamment quelques nouvelles et romans-photos, visent bien à témoigner de la modification des mœurs. A cet égard, on constate un changement d'orientation: le regard porté sur ces modifications est d'abord critique, représentant cette évolution comme une démoralisation (le problème des «blousons dorés» sera par exemple dénoncé dans un roman-photo de 1966); le regard est ensuite plus ambigu, montrant que les marginaux sont du côté du cœur, mais tendant à les ramener dans le giron de la normalité à l'épilogue (dès l'hiver 1968, un roman-photo fait ainsi le portrait — positif — d'une jeune marginale qui refuse les conventions sociales; mais à l'épilogue elle se range en épousant un conducteur de locomotives...). L'offensive médiatique des années 80 insiste beaucoup sur cette dimension, et la traduit dans les faits en illustrant certains thèmes à la mode (comme l'homosexualité, par exemple); naturellement, surtout dans les genres tendanciellement mimétiques; mais sans systématisme.

Dans les textes récents, la volonté de rendre compte de l'actualité est plus nettement lisible; un roman-photo en feuilleton intègre en avril 1992 quelques photos de Beyrouth en ruines, par exemple; un autre présente un personnage séropositif en octobre de la même année; et dans la même période plusieurs évoquent des drogués, voire des trafiquants; le SIDA ou la Bosnie font fonction de mandateur dans deux romans en supplément; dans une même livraison de septembre 1996, la nouvelle «sentiments» sera construite sur un problème de chômage et de fascination pour les jeux électroniques, quand le roman en supplément mettra les problèmes de la Corse en scène (feux provoqués, mafia... pas d'indépendantistes toutefois). Mais le cadre sentimental exploite plus fréquemment des évènements heureux (compétition de patin à glace, course de voiliers autour du monde, festival de Cannes... pour les romans en supplément, par exemple).

Un certain nombre de récits intègrent par ailleurs des éléments de l'histoire immédiate. D'une façon générale, alors que la seconde guerre prête à de multiples récits (ainsi «Ames ensorcelées» à partir du 1° numéro; dès l'automne-hiver 1948-49, le roman-feuilleton «Cœurs de française» a pour cadre la Résistance, la nouvelle «Du fond des ténèbres» le STO; le problème des criminels de guerre apparaît dans le roman-photo «Jamais je ne t'oublierai» en été et automne 1950, celui de la reconstruction de l'Allemagne dans la nouvelle «La victime» en automne 1950; dans les années 90, la guerre et la Résistance forment encore le cadre de trois romans en supplément), les guerres de décolonisation — mais qui s'en étonnera? — sont totalement occultées; et tout autant mai 68.

On peut également s'intéresser à la représentation des rôles sociaux, et notamment tenter de mesurer le déplacement de l'aura de certains d'entre eux (ainsi, le maintien jusqu'aujourd'hui de celle du médecin — aussi bien bénéfique que maléfique d'ailleurs — alors que celle de l'ingénieur s'affaiblit dans les années 70 en faveur de celle de l'informaticien); à l'importance grandissante accordée à partir des années 70 aux métiers du savoir, de la création et du corps; à la mythologisation progressive des métiers de la terre; à la représentation complexe des positions de pouvoir social; à la disparition progressive de la noblesse à partir des années 60 — alors qu'elle jouait un si grand rôle dans les romans populaires du XIXème siècle. Et plus encore à celle des rôles sexuels, à la lenteur relative avec laquelle le magazine fait sortir les femmes du foyer et leur accorde un rôle social... Le désir de représenter une nouvelle image de la femme, avec des métiers chargés de démontrer son autonomie et son dynamisme se fait en effet — assez tardivement — jour, et surtout dans les textes écrits en France.

Au demeurant, les tableaux de ces divers évènements ou activités ne sont pas toujours très approfondis, ni très documentés. Et cette volonté ne touche pas tous les textes. De plus l'inflation récente des activités intellectuelles, artistiques ou médiatiques tend à ramener le «réel» à un microcosme. Ainsi, bien qu'aujourd'hui affirmée hautement, l'ouverture explicite sur le monde demeure limitée dans la fiction de *Nous Deux*.

Mais elle se joue en fait à un autre niveau: car quoi de plus social que la constitution du couple et de la famille? Et à propos de ce processus essentiel, *Nous Deux* peut être tenu pour un «*lieu particulièrement adéquat à l'analyse des représentations collectives du rapport amoureux justement parce qu'il le présente sous sa forme épurée de toute prétention littéraire*», à l'instar du roman Harlequin, pour un «*indice, voire symptôme d'une époque*» dont l'«*étude pourrait sans doute nous permettre d'en apprendre plus que bien des recherches qui ne s'attachent ni au futile, ni au frivole, ni au vulgaire et encore moins à l'ordure ou au rêve»*, objet d'étude donc à partir duquel *« il est possible de produire une connaissance sociologique des représentations collectives et de leurs évolutions»* (PEQUIGNOT 1991, p. 42, 44 et 48).

En effet, l'analyse de la fiction sentimentale a montré à la fois la permanence mythique de l'idéologie occidentale de l'amour, et la concordance entre la sémantique de cette fiction et les changements de mœurs et de mentalité. *Nous Deux* apparaît bien comme médiateur d'une image nouvelle des rapports interpersonnels, du processus d'individuation moderne, de la transformation du statut du corps dans l'amour. Il atteste de la montée du modèle psychologisant de l'interprétation du comportement humain, d'une culture de l'authenticité au fondement de la société de plus en plus intimiste qui est la nôtre (cf. SINGLY 1996), d'une recherche de l'autonomie que l'on peut tenir comme fondement de la société libérale (cf. QUERE 1982), on retrouve ainsi des traits communs entre le récit sentimental et certaines émissions radiophoniques qui en appellent à la confession et non à la fiction (CARDON 1995; RUI 1995): le déplacement des obstacles des causes extérieures vers les causes intérieures, un processus de socialisation à l'individualisme dont l'idéal repose dans la reconnaissance réciproque de l'autre comme voie de l'accomplissement personnel; on pourrait aussi y voir une préfiguration du modèle médiatique de l'intimité (cf. MEHL 1996). La croyance même au pouvoir de l'amour, à la rencontre fortuite et au coup de foudre semble se répandre dans les faits (cf. BOZON-HERAN 1989), au même titre qu'elle est affirmée dans le magazine; et plus encore dans les classes populaires, selon les enquêtes menées par Pierre Bourdieu (BOURDIEU 1979, pp. 444-445). On peut également lire dans son histoire une trace de la récente victoire idéologique de l'écologie, qui vient ici

revivivifer la structure axiomatique fondamentale du couple
contre le monde.

Ainsi, apparaît bien dans *Nous Deux* (même aux moments où
ses producteurs ne tentent pas de s'aligner sur des stratégies
concurrentes) une interprétation des données de la modernité ambiante. D'une part, le parcours de *Nous Deux*
s'apparente à la poursuite (dont rythme et modalités varient
en même temps que les modes de gestion du titre et des éditions) d'une modernité qui sans cesse se dérobe, et se construit
par la production d'effets de modernité. Le titre est-il en cela
original? Qu'au cours de cette poursuite l'initiative lui échappe
progressivement tend toutefois à faire de cette histoire le
signe d'une relative acculturation populaire.

D'autre part, partant de ce principe d'un magazine observatoire privilégié, parce que non «littéraire», de la société où il
est produit et reçu, on peut en effet le lire comme un miroir
des fondements et des évolutions de cette société, notamment
par la sémantique de l'amour que ses récits traduisent, et par
l'intégration progressive d'un mode d'analyse psychologisant,
proposé aux lecteurs pour se mieux comprendre, et posé
comme grille d'interprétation des personnages de fiction.

Mais doit-on s'arrêter à une conception de *Nous Deux*
comme signe d'un monde extérieur à lui, où réside le sens,
comme simple prétexte à une analyse qui le dépasse, et dont
seul le regard du chercheur constitue la raison? La perspective est valide, certes, mais insuffisante. La question du sens
de *Nous Deux* doit aussi être posée à partir de la position du
lecteur «ordinaire», à partir de l'usage qui en est fait, et plus
largement de son «écologie», dans une problématique qui
considère les rapports au média comme «*un moment et un
lieu des rapports sociaux qui les déterminent*», et tâche d'étu-
dier le média comme «*moyen d'apprentissage, de socialisation,
d'intégration*» (BEAUD 1984, p. 18 et 183).

VII.2. *Le magazine et son lecteur*

La question peut devenir alors celle du «rôle», voire de l'«effet» d'un média, de son influence sur l'encyclopédie que le lecteur se construit dans le temps, et sur le comportement de ce lecteur dans le monde réel. Les chemins de cette réflexion sont balisés, non seulement par le débat théorique sur la réception, mais aussi par certaines analyses de l'institution littéraire, et par de multiples affirmations ou interrogations sur le divertissement «populaire».

On peut considérer que le magazine propose (ou impose) à ses lecteurs un modèle d'acceptabilité; que par ses fictions, il pose un modèle narratif, se référant «*non pas à la réalité elle-même, mais à des modélisations de celle-ci*», se rapportant «*à des systèmes où la complexité et la contingence du monde est toujours déjà réduite à une organisation signifiante spécifique*» (ISER 1979); que les «*effets créateurs de normes*» de ses fictions voire de ses rubriques d'insertion proposent/imposent une «*casuistique pour la conduite de sa vie*» (JAUSS 1978, p. 150 et 80). Entre ces deux conceptions (non exclusives), il faut toutefois choisir à laquelle on accorde la priorité.

Dans quelle mesure *Nous Deux* offre-t-il un lieu où se fait le travail sur les représentations sociales (VERON 1991), alors même que le magazine travaille essentiellement dans la fiction? Accorder importance et créance à la portée éthique de sa lecture place alors au cœur du débat bien connu entre les «effets puissants» et les «effets limités». Intoxication par la répétition et le jeu de la compensation vicariante, ou effet limité, et limité d'abord par la place annexe concédée à la lecture et aux médias, par leur usage ludique et distancié?

On a certes constaté une concordance forte (et grandissante à certains égards) entre l'axiomatique sentimentale de *Nous Deux* et le modèle moderne des relations interper-

sonnelles et familiales. Mais concordance n'équivaut pas
nécessairement à corrélation, d'autant que les «leçons» de
Nous Deux ne lui sont pas propres et qu'elles reprennent aussi
un modèle mythique séculaire. Comment décider dans
quelle mesure le magazine est ici miroir ou moteur? Est-ce
en partie par la grâce de *Nous Deux* que «*ce qui devrait être
le plus personnel et le plus intime est justement le plus collectif et le plus stéréotypé*» (ROY 1969, p. 36)? Dans quelle
mesure peut-on prétendre à propos de *Nous Deux* ce qui
semble ressortir à la lecture du courrier des téléspectateurs
d'*Hélène et les garçons* (PASQUIER 1995), qu'il serait un
modèle pour apprendre à aimer, un «*rite d'initiation à la
grammaire amoureuse*»?

Dans ce débat sur la fonction cognitive de l'imagination,
dans cette «*relation ambiguë que nous entretenons avec la bibliothèque, maîtresse et servante, qui nous enveloppe de ses sorti-
lèges*» (ROUSSET 1984, p. 207), il faut trancher. Et l'homme
n'étant pas un animal de laboratoire, il faut faire un choix
théorique. Ce sera ici celui de l'effet limité, dans la perspective de Hoggart: pour avoir vécu dans un milieu de lecteurs
de *Nous Deux*, et avoir constaté que ces lecteurs font des
choix différents, ne croient pas tous aux mêmes valeurs, ne
mènent pas tous le même genre de vie conjugale et familiale,
bref, ne se ressemblent pas, il m'est impossible d'accepter le
modèle de l'inculcation voire de l'intoxication massive; et de
«*confondre les représentations fictives censurées par le représen-
table et le contrôle social des conduites réelles*» (LAFARGE 1983,
p. 166) tant il est courant de constater que certains lecteurs
acceptent dans la fiction des comportements qu'ils refusent
dans la vie, et à l'inverse accomplissent dans la vie des parcours dont ils refusent la validité dans la fiction. Il n'est pas
plus évident d'affirmer, à l'instar de Janice Radway, que leur
désir de lire est pour l'essentiel généré par l'insatisfaction, la
frustration et la colère (RADWAY 1984, p. 215).

S'inscrire dans une logique des effets limités ne revient en rien à admettre que cette lecture serait insignifiante. Mais à la considérer non comme inculcation et compensation illusoire, mais comme réassurance d'un cadre cognitif et symbolique, de valeurs esthétiques comme de choix éthiques, et comme affirmation d'identité. Ce qui peut être posé à propos de la télévision comme «*travail social*» de «*réassurance permanente des valeurs pratiques d'une société donnée*», de son usage par des «*audiences de masse*» «*engagées dans une transaction continue*» dont le «*registre ludique n'autorise pas à lui dénier tout réalisme opératoire*», dont les «*investissements imaginaires*» ne se laissent pas réduire «*au dérapage dans la compensation vicariante*» mais peuvent être vus comme «*vecteurs d'un retour aux sources de l'identité sociale*» (BIANCHI 1990) peut sans doute s'appliquer encore davantage à un magazine qui doit être choisi parmi des dizaines d'autres (pour rester dans le seul segment de la presse féminine) sur le présentoir d'un kiosque.

La dimension sociale de ce travail de réassurance et de cette affirmation d'identité peuvent — et doivent — également être compris à un autre niveau, dont le contexte n'est plus un message particulier mais une sorte d'«écologie» des médias (cf. WOLF 1993). Comme d'autres médias, *Nous Deux* fonctionnerait ainsi comme mode de consolidation de soi et d'affirmation de soi pour les autres (cf. PASQUIER 1995) non seulement parce que son message fondamental porte sur la construction de l'individu par le jeu du lien amoureux, mais aussi parce que son usage crée du lien social, ou en tout cas le réassure.

On peut reprendre ici l'apport essentiel de l'ouvrage de Janice Radway: le sens de *Nous Deux* tient d'abord à l'acte de lecture lui-même (RADWAY 1984). Mais alors qu'elle entend surtout cet acte dans sa dimension individuelle, on doit là encore élargir cette perspective.

Tout d'abord, le sens de l'acte tient à la place qu'on lui accorde. L'observation des lecteurs, les entretiens qu'on peut avoir avec eux, soulignent que la lecture en général, et plus encore celle d'un magazine éphémère, est un divertissement cantonné dans les interstices du quotidien, et auquel il convient de n'accorder qu'une importance limitée. Se confirme là ce qu'on peut affirmer à propos de la culture ouvrière (le lectorat de *Nous Deux* n'est évidemment pas exclusivement composé de membres de la classe ouvrière, mais ceux-ci y occupent une place essentielle): «*la lecture n'est pas une fin en soi*» dans un univers culturel où l'identité passe par le primat de la pratique et de la vie relationnelle (BELLEVILLE 1979).

Presque tous les lecteurs rencontrés disent en effet la même chose: *Nous Deux* se lit, et se prête, s'échangeant généralement contre un autre périodique; par là, il participe au fonctionnement d'un réseau. Chaque réseau concret a évidemment son dessin particulier; mais la description de l'un d'entre eux permet de mieux comprendre dans quelle mesure *Nous Deux* peut générer du lien social (et notamment du lien familial), et dans quel champ culturel et médiatique il s'inscrit.

Soit un réseau à géométrie variable, constitué à son plus haut de quatre foyers, qui fonctionne depuis quarante-cinq ans dans un quartier ouvrier au fond d'une petite ville de province. Julia (avant sa retraite employée de maison, ouvrière à domicile puis en usine), voisine rayonnante, peut en être considérée comme le centre; elle ne met aucun périodique en circulation, mais tous passent par ses mains, et elle en assure la redistribution; sa mort entraînera d'ailleurs une réduction du système, qui se limitera alors à deux foyers. Suzanne, la fille de Julia (ouvrière, employée de service ou femme au foyer selon les périodes, aujourd'hui retraitée) a initié le réseau en tant qu'acheteuse de *Confidences*. Mariée, elle a quitté la

rue de son enfance pour la rue voisine, est passée à l'achat
d'*Intimité* qu'elle a poursuivi jusqu'à la mort du titre. Ses
filles ont été partiellement intégrées dans le réseau jusqu'à ce
qu'elles aient quitté la maison familiale (et le milieu ouvrier,
pour celui des techniciens et des cadres); mais jamais son
mari. A la disparition d'*Intimité*, Suzanne se trouvera face à
une difficulté: quel périodique lui substituer? Après un essai
malheureux, (*Bonnes Soirées*), son choix s'arrêtera (sans enthou-
siasme) à la *Veillée des chaumières*. Colette, voisine de Julia
(ouvrière, puis assistante maternelle, enfin retraitée) met
depuis 1948 *Nous Deux* en circulation. *Nous Deux*, et plus
ou moins l'ensemble des périodiques concernés par le système
des échanges, étaient lus par sa mère (Andrée, employée de
maison, puis ouvrière à domicile avant sa retraite, l'amie
proche de Julia, avec qui elle a partagé avant guerre la
lecture de romans en livraison et de feuilletons dans les quo-
tidiens); ils étaient lus aussi par son père (jardinier, puis
magasinier avant la retraite) et le sont encore par son mari
(ouvrier puis retraité) qui jusque dans les années 70 met en
circulation *Paris-Match*; et, à l'âge requis, par sa fille (par
ailleurs lectrice de *Lisette* pendant son enfance); parvenue à
l'âge adulte, celle-ci demeure partiellement intégrée au réseau,
puisqu'elle mène une recherche sur *Nous Deux*... Le quatrième
foyer participera moins longtemps au jeu des échanges: l'autre
voisine de Julia, plus jeune que Suzanne et Colette, Danièle
(ouvrière ou assistante maternelle selon les périodes), met en
circulation *Ici-Paris*; sa participation prendra fin avec la mort
de Julia; ses filles tant qu'elles demeurent au foyer et son mari
(ouvrier) lisent tout ou partie des périodiques en jeu (leur lecture de *Nous Deux* se concentre essentiellement sur les romans-
photos). Ainsi, chaque semaine, de deux à quatre périodiques
circulent, génèrent des échanges, d'éventuelles discussions,
et s'intègrent dans le jeu des liens d'entr'aide et de bon voi-
sinage.

La lecture d'un périodique comme *Nous Deux* fait aussi fonctionner le lien familial, dans certains foyers seulement entre femmes, dans d'autres entre tous les membres. Non seulement plusieurs générations peuvent lire le même journal, mais l'achat et le prêt de ce périodique permet de matérialiser le lien entre ces générations, surtout entre mère et fille, de marquer leurs rôles respectifs et de réassurer le lien qui les unit.

L'accès au périodique peut encore fonctionner comme signe tangible d'un changement d'âge. Signe de l'entrée dans l'âge des responsabilités adultes, quand la jeune fille achète son premier magazine avec son premier salaire. Signe de l'entrée dans l'adolescence: interdit à la petite fille, qui doit se contenter des lectures de son âge, le magazine figure un trésor inaccessible, qu'on ne peut entrouvrir qu'à la sauvette, en veillant à échapper aux regard des adultes; quand la petite fille atteint ses douze ans, par exemple, la mère peut faire office d'initiatrice, choisissant pour cela un texte particulièrement émouvant; cette épreuve passée, l'initiée obtient enfin le libre accès à la presse des grands.

Le périodique peut également faire fonctionner le lien social sur le lieu de travail (surtout féminin), nourrissant des discussions d'«atelier», voire des échanges entre une employeuse et son employée de maison.

Récit d'une socialisation, *Nous Deux* s'intègre donc par son usage dans un processus de socialisation. Un processus qu'on peut voir comme un écho des pratiques d'écoute collective qui ont fini par s'éteindre au début du vingtième siècle, où le partage du texte se mêlait à certaines activités quotidiennes, faisait fonctionner les liens de sociabilité, et permettait à chacun, en participant à cette activité commune, de trouver un savoir et un plaisir qui puissent le combler personnellement. C'est-à-dire la trace d'«*une culture de la communauté en fête (...) où le conte qui ravit le petit dernier est aussi une aventure métaphysique. Dans cette fête tout le monde trouve,*

à sa façon, sa part de plaisir et sa part de connaissance» (DUPONT
1991, p. 155).

Dans quelle mesure la nature même du support est-elle en
concordance avec ce fonctionnement? Ce sont des publications périodiques qui s'échangent (et pourtant nombre de
lecteurs de *Nous Deux* consomment aussi des livres); cette
périodicité permet la régularité des échanges (dans certains
cas la lecture des romans Harlequin — auxquels on peut
s'abonner et dont chaque collection publie un nombre fixe
d'ouvrages par mois — s'inscrit dans le même type de réseaux).
La fragilité du support joue également un rôle: il est
possible de découper ce qui intéresse au passage (certains
lecteurs se constituent ainsi des livres de cuisine, ou de
«trucs» pratiques); on peut aussi prélever telle page pour la
faire lire à quelqu'un, pour les renseignements qu'elle donne,
ou pour sa portée éthique. Et la possibilité de mener une lecture éthique à partir d'un texte de fiction s'avère essentielle.
Dans le réseau décrit, en tout cas, cette dimension est
fondamentale, ce qui est nettement apparu au moment de
la crise liée à la disparition d'*Intimité*. Dans les entretiens
menés avec d'autres lecteurs, cet aspect est de même généralement présent, en concurrence avec l'importance des
conseils pratiques.
  La portée de *Nous Deux* apparaît donc comme dépendante
du cadre culturel où il est consommé et utilisé; mais la valeur
de son contenu ne disparaît pas pour autant dans cette
perspective. Elle réside sans doute dans un usage paradoxal:
c'est le sérieux de son propos, sa portée pratique et éthique,
qui lui donne intérêt, alors même que sa fragilité comme
support, et le fait que sa lecture est considérée comme une
activité marginale voire futile, autorisent son usage. Mais
paradoxe n'est pas déraison, et à un double égard la lecture
de *Nous Deux* apparaît bien comme porteuse de sens.

D'autant que le magazine est également apparu comme pouvant être interprété en termes de qualité, et comme témoin de goûts constitués. Et comme porteur d'un message essentiel sur l'amour, ne l'oublions pas. C'est-à-dire à tous points de vue comme signe et objet de l'exercice d'une maîtrise symbolique.

Peut-on réellement tenir cette lecture comme témoin d'une acculturation? Ainsi le développement des rubriques pratiques peut être décrit comme instrument de la moralisation ouvrière (par l'imposition de modes de consommation notamment). Le didactisme sous toutes ses formes et l'esthétisme impliquent que le divertissement est ressenti par les producteurs du titre comme facteur d'inculture; c'est là une démarche qui accorde la primauté au discours et à la forme, à l'abstraction, bref une démarche formaliste aux antipodes de ce que toutes les analyses sociologiques décrivent comme goût populaire. Mais l'histoire de *Nous Deux* peut aussi être conçue comme celle de la permanence de ce goût. D'une part, les tentatives d'adaptation de textes légitimes entraînent des modifications telles qu'elles impliquent l'existence de deux fonctionnements culturels distincts voire antagonistes; la démarche même de l'adaptation peut d'ailleurs être considérée comme une entreprise de «popularisation», en ce sens qu'elle accorde de l'importance à l'anecdote, aux dépens de la forme esthétique par laquelle cette histoire a pris corps (au même titre que les adaptations en livres bleus, la circulation des œuvres entre feuilleton et mélodrame au XIXème siècle, celle entre édition et cinéma depuis le début du vingtième siècle, et entre télévision et édition aujourd'hui). Surtout, la réception de ces tentatives de légitimation, telle qu'elle peut se lire dans les chiffres de vente (chute après 1957, remontée des années 75, déclin continu depuis 1985), incite à voir là une résistance, le maintien d'une culture autre. Les incessantes critiques émanant des concurrents et des diverses instances de légitimation culturelle font d'ailleurs de *Nous Deux* le signe et le mode persistants d'une insupportable autonomie.

En effet, symptôme d'une évolution sociale dont la raison est extérieure à lui, *Nous Deux* est aussi un produit culturel, le récit et l'outil d'une socialisation. Mais également le signe d'une exclusion. Pour éclairer dans toute sa complexité le sens que prennent le magazine comme phénomène, et l'acte de le lire, il est également nécessaire de prendre en compte la place qu'il occupe dans la hiérarchie culturelle, et dans un premier temps de faire le point sur le contexte de sa production et de son appréhension.

VII.3. *Le sens d'un positionnement*

Ce contexte tient d'abord au fait que la fiction sentimentale est ici donnée à lire par un support de presse. Cela entraîne le classement du magazine dans un segment spécifique, et détermine son aire d'acceptabilité. Dans la série des titres avec lesquels *Nous Deux* partage le plus de lecteurs (selon les études de duplication du CESP), on rencontre — c'est une évidence — des périodiques à grand tirage (par exemple en 1957, *Paris Match*, et les deux «digest» *Sélection* et *Constellation*; dès la fin des années soixante, les magazines de télévision; en 1992, *Femme Actuelle*). Mais cette série manifeste des orientations significatives: la place notable de *Paris Match* en dépit des aléas de son tirage (du premier au quatrième rang entre 1957 et 1992); celle des autres titres de la presse du cœur tant qu'ils existent (et d'abord d'*Intimité*; mais *Secrets de femmes*, par exemple, malgré son tirage modeste, fait partie des premiers titres avec lesquels *Nous Deux* duplique son lectorat en 1957); la place relativement importante des hebdomadaires de fait divers (*Ici Paris* toujours dans les dix premiers titres, *Voici* en bonne place en 1994); celle grandissante des hebdomadaires de télévision (en 1977, *Télé sept jours* et *Télé poche* occupent les cinquième et sixième rangs; en 1992, parmi les dix premiers titres, cinq représentent la presse télévisuelle); et la place plus mineure d'autres titres féminins (en 1957, *Marie-Claire* au huitième rang; en 1977, *Modes de Paris, Femmes d'aujourd'hui, Elle* aux sixième, huitième et neuvième rang; dans tous les cas, leurs «scores» sont très éloignés des premiers rangs; *Femme Actuelle, Maxi* et *Elle* en 1992 aux premier, troisième et dixième rang). Par là, *Nous Deux* apparaît bien inscrit, en marge, dans le champ féminin; mais surtout dans celui de la presse de divertissement; et tout particulièrement aux côtés de titres soumis à un discrédit (les digest à la fin des années cinquante, *Paris Match*, les titres de fait divers, et aujourd'hui *Voici*).

Dans le champ de la fiction sentimentale, il relève d'une lecture sérielle, ce qui l'exclut du domaine légitime et le rapproche d'autres productions «populaires» (cf. RAABE 1996). Mais plus encore qu'un volume au format poche, et même qu'une «livraison» (la presse du cœur prenant la suite de cet avatar du feuilleton sentimental apparu à la fin du XIXème siècle, avec ses interminables romans découpés en livrets autonomes hebdomadaires d'une dizaine de pages), *Nous Deux* est un objet normalement destiné à être jeté après sa lecture, même si quelques consommateurs le conservent en entier ou en détachent quelques éléments; les suppléments que les Editions Mondiales produisent chaque mois dès les années cinquante (tels les romans complets sur-titrés «Nous Deux présente»), et ceux qu'ils adjoignent au magazine une fois par mois depuis 1988, bien qu'empruntant la forme du livre de poche, n'ont pas le même statut que les poches sentimentaux du type Harlequin, et encore moins que les diverses collections des éditeurs géné-

ralistes: il ne sont jamais présents sur les rayons des bibliothèques, ni dans les librairies; n'étant pas vendus seuls les
romans en supplément ne figurent pas sur les mêmes pré
sentoirs chez les distributeurs de presse; il n'existe guère de
revente organisée de ces romans, qui leur assurerait une
deuxième vie (le phénomène est très développé pour les
Harlequin). Tout connote l'éphémère et l'insignifiant. Dans
le magazine même, la fiction est en concurrence avec d'autres
rubriques, et en partie ramenée à leur aune. Par ailleurs, la
diversité des genres narratifs offre des textes de longueurs
variées, et s'adapte au découpage du temps quotidien: la
consommation de la presse du cœur est donc, plus que celle
de n'importe quel volume, inscrite dans l'ordinaire de la
vie.

Ainsi, alors que l'axiomatique est fondamentalement la
même dans l'ensemble de la fiction sentimentale, lire la presse
du cœur n'a pas le même sens que lire un roman Harlequin
ou un «Aventures et passion» (J'Ai Lu). Et encore moins,
évidemment, que *Belle du Seigneur* ou *Albertine disparue*...

Le contexte de production et d'appréhension de *Nous
Deux* est par ailleurs aujourd'hui déterminé par la place de
plus en plus importante que prend la fiction sentimentale
à la télévision, sous des modalités de plus en plus diversi-
fiées de surcroît (ce que d'ailleurs les romans-photos récents
entérinent, en faisant appel aux acteurs des «soap» améri-
cains).

Originale voire marginale dans le champ de la presse, la presse
du cœur, et donc son parangon *Nous Deux*, est ainsi également marginale dans le champ des éditions sentimentales.
L'identité du titre tient évidemment à son positionnement
autant qu'à son contenu. A la question du sens de *Nous Deux*,
ce rappel ne peut toutefois suffire à répondre. La perspective
doit être élargie.

Car si le public mène bien une véritable activité symbolique en usant du magazine, dans quelle mesure a-t-il le pouvoir de faire reconnaître cette activité dans le cadre de la société «globale», et d'y faire admettre ses goûts?

VII.4. *Le sens d'une exclusion*

En définitive, les diverses facettes de l'articulation entre le magazine et la société conduisent à s'interroger sur sa «valeur», et notamment sur sa perception de l'«extérieur». Et mènent ainsi à une réflexion sur le divertissement «populaire», sur le mécanisme d'exclusion dans lequel il semble nécessairement se penser, ce mécanisme d'«*exotisme de l'intérieur*» (CERTEAU et alii, 1970) qui semble se reformuler à chaque fois que le public «populaire» devient consommateur d'un nouveau loisir ou d'un nouveau média.

On sait qu'un discours critique et médiatique émanant de diverses instances a toujours doublé le succès de *Nous Deux*, de la presse dont il est le parangon et de certains de ses genres (et s'il s'affaiblit aujourd'hui, ou plutôt se déplace vers d'autres cibles, c'est d'abord parce que ce succès est beaucoup moins net). Jusqu'aux années 80, ce discours critique foisonne; il prendra à la charnière des années cinquante et soixante la forme d'une véritable campagne d'opinion, proche de celle qui aboutit à la loi de contrôle des publications pour la jeunesse de 1949 (en 1971, une loi imposera d'ailleurs aux éditeurs de roman-photo de consacrer autant de pages dans leurs revues au texte qu'à l'image). Certes, le but poursuivi par cette campagne, une interdiction de fait (notamment par l'exclusion des exonérations postales), ne sera pas atteint; le législateur ne semble donc pas totalement persuadé que le public féminin est aussi fragile que le public enfantin. Mais en dépit de l'échec relatif de la campagne proprement dite,

le maintien de ce discours critique garde tout son sens, en
ce qu'il dessine un tableau remarquablement cohérent d'une
presse et de son lectorat vus de l'extérieur.

Se rejoignent ici des instances diverses — voire concur-
rentes- de légitimation culturelle ou professionnelle: Eglises;
Etat (de nombreux parlementaires montent au créneau dans
les années cinquante); Ecole (interventions d'instituteurs
surtout) et plus tard Université (quelques mémoires et thèses
à visée «démystificatrice» apparaissent dans les années 70);
mouvements communiste et rationaliste, puis féministe; Critique; concurrents de la presse hebdomadaire (comme André
Berthet) et féminine (en première ligne, Marcelle Auclair et
son éphémère Ligue pour la dignité de la presse féminine).

Mais la cohérence de ce discours critique tient surtout
à son argumentaire. Comme si, depuis les années cinquante
jusqu'aux années quatre-vingt, chaque nouvel article ou
ouvrage avait à sa disposition une partition déjà écrite, dont
il reprend le plus souvent les notes, qu'il critique parfois (à
ses risques et périls. Ainsi, lorsqu'en 1959 Paul Lesourd, pro-
fesseur à l'Université catholique de Paris, entreprend un appel
à la raison et tente de montrer que la presse du cœur n'a
rien d'immoral [LESOURD 1959], il s'attire les plus violentes
critiques de la part des mouvements chrétiens et de leur
presse). Une description conventionnelle s'élabore ainsi.

La presse du cœur y apparaît comme un objet bête et laid
— «*sottises*», «*inepties*», «*laideurs des couvertures bariolées*»
(AUCLAIR 1952) — où «*ce qui est donné à voir est si délirant
d'aliénation stupide, si bêtifiant et anachronique*» (DARDIGNA
1978, p. 212) qu'il soulève une indignation intangible. C'est
aussi une production en mauvais français — tout un mémoire
d'études supérieures sera ainsi consacré à l'analyse du «vocabulaire des romans-photos» afin de prouver sa dangereuse
pauvreté, «*une trop grande confusion de langue*» amenant

«*nécessairement une égale confusion de pensée*» (VILLEPIN 1979). Bref, «*un niveau aussi désolant quant à la qualité de l'impression qu'à celle de l'intrigue*» (SERVAN-SCHREIBER 1972, p. 35).

Il s'agit encore d'une production uniforme — ainsi le titre d'un article de *Télé-Star* du 23/8/1980, «Le roman-photo, trente ans après, la même recette, le même succès». Dès 1948, *La Croisade de la presse*, dans sa dénonciation de la «*mauvaise presse féminine*» souligne l'«*indigence de pensée et d'expression*» d'une presse répétitive où «*c'est toujours la-belle-jeune-fille-élancée, amoureuse du svelte-jeune-homme-aux-larges-épaules-et-au-regard-d'acier*»; en octobre 1950, elle consacre un article entier («L'usine à fabriquer de l'eau de rose») à l'écriture stéréotypée des «*histoires authentiquement vécues*» toutes construites sur «*ce schéma simple et génial à la fois*» (l'article est ironique) qui fournit de la «*matière d'histoires vécues pour un siècle*»... Le motif est inusable. On rencontre ainsi, sous les plumes les plus diverses, l'évocation d'un archétype, celui du mariage obligé du prince et de la bergère (y compris dans la bouche de certains des producteurs du titre)... et à dire vrai, bien plus fréquemment dans le discours critique que dans les récits mêmes de la presse du cœur, comme si l'on était si assuré de le rencontrer qu'il n'était pas besoin de prendre le temps de le vérifier. La dénonciation désigne donc un caractère stéréotypé — voire un langage «*monolithique et totalitaire*» (KOBRY 1974).

La presse du cœur offrirait aussi une version tardive et dégradée des goûts et valeurs dominants. Cette critique vise par exemple l'esthétique archaïque des prises de vues du roman-photo. Seule la reprise de récits légitimes attire d'ailleurs réellement l'attention (tout particulièrement l'adaptation de *Madame Bovary* en roman-photo). Avec évidemment des appréciations opposées sur le catholicisme, nombreux sont ceux qui rencontrent aussi dans la presse du cœur les «*valeurs*

appauvries du catholicisme» (DARDIGNA 1978, p. 220). Bref,
nul n'y reconnaît jamais qu'une convention usée, imposée d'en
haut à des lecteurs dépourvus de toute culture autonome.
Seul le contenu de la presse du cœur prête à un retournement d'analyse. Jusqu'aux années 60, il est le plus souvent
considéré comme violemment obscène (ainsi André Berthet
amalgamant la presse du cœur à celle «*du sexe et du crime*»
dans sa campagne), voire un «*appel à la prostitution*» et au
«*détournement de mineur*» (WURMSER 1952): «*c'est «la presse
du sein» qu'il faudrait dire!*» (CESBRON 1954). Dès les années
50, mais surtout à partir des années 70 sous l'influence des
analyses féministes ou d'inspiration barthienne, il est déclaré
rose et fade: «*sentiments convenables*» et «*bonheur à la portée
de toutes les bourses*» (BEAUCHARD 1953), «*baumes lénifiants*»
(RIGHINI 1974), «*lanières de guimauve d'un érotisme pudi-
bond*» (DELFOSSE 1978), «*doux nœud des passions sans rivages*»
(A.S. 1986), et multiples variantes... On retrouve ce même
retournement dans l'estimation de son effet: la presse du
cœur est d'abord unanimement considérée comme facteur
d'immoralité ou de démoralisation, et bientôt conçue comme
«*littérature édifiante*» (*Combat*, février 1952), agent de
conformisme et de résignation. Mais sous cette apparente
contradiction transparaît, accommodé aux valeurs légitimes
en cours, un même regard: la presse du cœur, toujours, contrevient à ces valeurs.
Le vocabulaire d'ailleurs ne se dément pas: obscène ou
conformiste, la presse du cœur demeure un poison, un facteur de contagion, d'infestion, d'intoxication, de pourrisse-
ment... (tous termes plusieurs fois utilisés; ainsi un article
dans *La Croisade de la presse*, «Que Les Vidangeurs me
pardonnent...» où un supposé père de famille indigné désigne
ainsi les magazines du cœur qu'il jette sur une table:
«*Tenez, voici de la vidange. C'est avec ça qu'on empoisonne la
France!*» [BESSIERES 1949]). Dans ses appels, Marcelle Auclair

emprunte des accents vibrants pour déployer ce thème: «*il se dégage de ces journaux des émanations pestilentielles qui les [les lecteurs] empoisonnent, ils corrodent leur énergie, leur sens moral, ils abaissent leur goût au plus bas niveau. L'action corrosive s'accomplit en quelques mois, souvent en quelques semaines*» (AUCLAIR 1952). C'est dans le même esprit qu'André Berthet lance une enquête dans les prisons pour déterminer si les prostituées sont ferventes lectrices de ces magazines.... La presse du cœur est aussi désignée comme tranquillisant, chloroforme, anesthésique, narcotique de la pensée, opium («*pour midinettes*»), drogue, «*presse de l'hypnose*» (RIGHINI 1974)... On reconnaît là les prémices du classique «*modèle hypodermique d'influence*» des médias (MORLEY 1993).

C'est donc un instrument d'apathie. Mais aussi un piège, un «*attrape-cœur*» (*Croisade de la presse*, 1950) qui «*fausse chez le lecteur la possibilité même de bien voir la réalité*» (Evêque d'Aire et de Dax 1954), un outil de mystification et de mensonge, de manipulation et d'aliénation. Bref, la presse du cœur est «*maîtresse d'erreur et fausseté*».... L'argumentaire est parfaitement résumé dans une requête d'André Berthet au Garde des Sceaux et au Ministre de l'Information en 1960: «*Les publications qu'on a pu appeler «opium pour midinettes» offrent une vue fausse de la réalité, bercent de contes roses et d'illusions une jeunesse crédule. Suivant un célèbre mot elle devrait être «condamnée pour médiocrité» mais pour une médiocrité voulue, calculée et par là même dangereuse*».

C'est le fait d'une production industrialisée que de choisir la répétition pour mieux duper ses consommateurs, et d'offrir, par la standardisation, un produit étranger à l'invention artistique (et au goût français, ajoute-t-on dans l'après guerre). C'était déjà ce que montraient Sainte-Beuve, et les autres détracteurs de la «littérature industrielle» par laquelle «*la matière règne despotiquement sur l'esprit*» (*Revue britannique*,

1883). C'est ce qu'affirme à nouveau Adorno dans sa critique de l'industrie culturelle: «*dans toutes ses branches on confectionne (...) des produits qui sont étudiés pour la consommation des masses et qui déterminent par eux-mêmes, dans une large mesure, cette consommation. (...) La praxis entière de l'industrie culturelle applique carrément la motivation du profit aux produits autonomes de l'esprit*» (ADORNO 1964). L'intrusion de la machine, et de l'argent, dans les œuvres de l'esprit contrevient nettement à la gratuité déclarée des œuvres légitimes: «*C'est le caractère purement commercial de la formule qui la rend difficilement tolérable*» (*La Chronique sociale de France* 1950).

Dès les premiers articles le mystificateur-manipulateur est donc désigné et condamné: le trust de presse, l'«*officine*» de l'«*homme d'affaire colossal*» (*Croisade de la presse*, 1950), le «*gangster de la presse*» (NAIDENOFF 1952), les «*requins de la finance*», «*bourgeois pourris d'argent*» qui dissimulent «*un de ces hideux visages de la bourgeoisie, un de ses bons petits calculs cyniques qu'elle sait si bien effectuer. Car avec l'amour ils essaient de faire avaler des bobards aux travailleurs*» (VIGIER 1967), l'entreprise capitaliste-qui réifie la production culturelle et le devoir d'informer, les transforme en marchandise fabriquée «*suivant des méthodes aussi rigoureusement rationnelles que celles qui procèdent à la fabrication des chaussures dans les usines Bat'a*» (HOURDIN 1955); dans les années cinquante, les mêmes détracteurs venant, sur le front de la presse enfantine, de remporter une victoire contre les mêmes groupes de presse — l'Opera Mundi de Winkler et les Editions Mondiales de del Duca — la dénonciation est d'autant plus virulente. Le fantasme de la fabrication mécanique des œuvres de l'esprit, qui s'était fait jour avec les premières dénonciations de la «littérature industrielle» réapparaît plusieurs fois.

Bref, à la condamnation esthétique s'associe une réprobation éthique et idéologique — on retrouve ici les motifs du rejet de la «paralittérature» (cf. BOYER 1992), la «*confusion quasi absolue entre critères objectifs de distinction (...) et jugements de valeur*» qui permet d'opposer roman «littéraire» et roman «populaire» (VAREILLE 1989, p. 11).

La cohérence de ce discours tient en effet à ce qu'il reprend terme à terme les dénonciations qui en leur temps visèrent le colportage de librairie, le «roman-feuilleton», le «roman populaire», la «littérature industrielle», bref, le «mauvais livre», dont la hantise traverse tout le dix-neuvième siècle; et tout autant une certaine presse enfantine, la bande dessinée, le cinéma des premiers âges; mais aussi, par des campagnes plus brèves, le digest ou le livre de poche; le même argumentaire vise aujourd'hui le roman de type Harlequin, le divertissement télévisé ou les jeux vidéo. Mais ce discours se fait aussi l'écho des critiques d'un certain nombre de média ou de genres fictionnels, tels le roman ou le théâtre, voire de l'image lors de la querelle byzantine ou de l'écriture aux temps de Socrate et de Platon...

C'est ce contexte qui détermine l'appréhension extérieure de la presse du cœur. Et celle de son lectorat. Car à la cohérence dans la description du média répond une même cohérence dans le tableau qui est fait d'un public et d'un comportement lectoral; tableau qui semble fonctionner comme un modèle présupposé, un imaginaire de la lecture.

«*Qu'elle tire sa matière de la fiction comme «Nous Deux» ou de la réalité comme «France-Dimanche», la presse du cœur ne connaît qu'un thème: la poursuite inquiète d'un bonheur toujours menacé. Qui donc intéresse-t-elle? Il suffit de considérer ceux qui la dénoncent, les catholiques pour son immoralité, les communistes pour sa tromperie, les sages pour sa vanité, les riches pour sa vulgarité, et on trouve aussitôt la réponse: elle intéresse la foule innombrable de ceux à qui ni la foi, ni l'intelligence,*

ni le confort n'offrent un emploi ou un dérivatif à leur émoti-
vité et qui ne voient que les péripéties de l'aventure sentimen-
tale pour occuper et divertir un cœur sans cesse rebuté par une
existence médiocre et parfois misérable. Il ne sert donc à rien de
dénoncer avec fracas le vice d'une presse qui tourne le dos au réel
puisque c'est cela précisément que ses lecteurs lui demandent. Ce
qu'on peut dénoncer par contre c'est les raisons pour lesquelles
la fuite dans le romanesque est devenue un besoin. Mais cela c'est
la critique d'une société sans justice et sans spiritualité, ce n'est
pas la critique de la presse d'évasion: ne prenons pas l'effet pour
la cause» (SALMON 1967-8, p. 129).

Choisi ici pour sa concentration, ce texte présente les
motifs essentiels de cet imaginaire; le tableau est d'autant
plus intéressant que le désir de dépasser les violentes critiques
qui se sont développées depuis l'immédiat après-guerre ne
modifie pas l'image du public qui s'y est construite.

L'une des caractéristiques essentielles du lectorat de la
presse du cœur semble donc être la faiblesse tant psychologique que sociale: *«lectrices crédules»* (exposé d'un projet de
loi du premier octobre 1940 visant à l'interdiction de *Confi-*
dences), *«centaines de milliers de femmes non mariées ou déçues,*
qui sont obligées de continuer à vivre comme machinalement au
sein des grandes collectivités urbaines», jeunes filles et femmes
«isolées, excitées, rêveuses», *«midinette déçue»* ou *«jeune femme*
trompée» (La Chronique sociale de France 1950), *«fatigue»*,
«lassitude», *«découragement»* sur lesquels misent les *«puis-*
santes sociétés financières qui fabriquent la presse du cœur»
s'adressant aux *«femmes dont les conditions de vie sont les plus*
pénibles», (AUCLAIR 1950), *«jeunes filles peu gâtées par la vie,*
mères de famille débordées, vieilles filles qu'effraie l'avenir»,
bref, *«femmes malheureuses, lasses et désabusées, manquant de*
chaussures, réduites à la mendicité» (Regards 1952), *«femmes*
inadaptées» (COTTA 1960), *«deshéritées»* qui *«se contentent*
d'un aliment romanesque qui les distrait et compense les frustrations

sentimentales d'une vie mangée de soucis primordiaux» (SUL-
LEROT 1961, p. 235), «*vendeuses qui n'ont connu que les déli-
catesses d'un chef de rayon trop empressé ou (...) apprenties qui
ont goûté aux viols à la chaîne dans les caves d'H.L.M.*» (RIGHINI
1974), «*homme usé par le travail et les longs trajets*», «*femme
dont la beauté s'étiole dans des tâches ancillaires sans gloire*»
(SAINT-MICHEL 1979, p. 164), «*femmes surchargées de mater-
nités non désirées et qui vivent entassées avec leur trop nombreux enfants dans des locaux exigus*» (CAVE 1981, p. 127), filles
de salle en proie à l'obscénité (LAMBERT 1986)... Le misérabilisme peut aller très loin pour décrire ces lectrices des
«couches sociales les plus défavorisées» que la presse du cœur
a pour tâche d'«*empêcher de remâcher leur misère et de sortir
de leur résignation muette*» (BECHU-BELLOT 1970) en leur
offrant une littérature de compensation.

Mais la faiblesse du lecteur est constamment liée à la masse
du lectorat, et à celle de la production. L'obsession du nombre
conduit d'ailleurs à des estimations chiffrées excessives où les
tirages des divers magazines sont additionnés, sans tenir
compte du fait qu'une même personne en lit souvent plusieurs
(de même qu'aujourd'hui le succès d'Harlequin est toujours
estimé en tirages globaux, et non par titre...).

Fantasme de la foule, de la foule passive et hautement perméable aux mauvaises influences (voire perverse: «*Quand on
s'adresse à la masse, même les conseils les plus judicieux peuvent
être reçus de manière dangereuse*» [BOULLIER 1968]). Mais
trace aussi d'une peur devant la démocratisation de l'accès à
la lecture... Cette illusion du grand nombre, en tout cas cette
hyperbole fantasmatique, apparaissait d'ailleurs déjà dans les
discours des divers prescripteurs sociaux du dix-neuvième
siècle en lutte contre le «mauvais livre» (cf. MOLLIER 1997).

Cette fragilité paradoxale est liée à l'enfance (on s'inquiète ainsi
particulièrement pour les jeunes filles lectrices potentielles

dans les années cinquante, tout particulièrement dans le discours chrétien). En d'autres termes, la fragilité du lectorat de la presse du cœur est lié à la naïveté de la femme et de la masse ou du «peuple».

Une naïveté qui ne permet pas de reconnaître les frontières du réel et de la fiction (ainsi l'exposé du projet de loi de 1940 vise-t-il à la défense de ces lectrices crédules «*s'imaginant que les histoires présentées sont des exemples vécus*»), et fait de tout lecteur de la presse du cœur un Don Quichotte ou une madame Bovary en puissance... Ne pas savoir distinguer la fiction, c'est n'avoir aucun pouvoir de constitution esthétique, être dépourvu de toute compétence lectorale.

Au point parfois de ne pas maîtriser l'acte même de la lecture. Cette «*littérature pour illettrés*» (SERVAN-SCHREIBER 1972) convient au «*français si souvent approximatif*» de lectrices pour lesquelles la presse féministe est «*rigoureusement inaccessible*», puisque déjà elles «*trouvent compliquées les histoires qui mettent en scène quatre ou cinq personnages*» (CAVE 1981). Même analyse en conclusion d'un article de dictionnaire littéraire (PUF 1994): «*La fonction idéologique du roman-photo, enfin, est évidente et tous les émetteurs, religieux, moraux, publicitaires, savent l'utiliser comme un instrument d'une remarquable efficacité auprès d'un public peu ou pas perméable aux mots*». Cette incompétence lectorale répond, ou correspond, à l'imbécillité de la production.

Etre dépourvu du pouvoir de constitution esthétique conduit à céder à l'empire de la pure illusion, du «*rêve à bon marché*», à sombrer dans le piège du refus de la réalité, qui risque de conduire à «*ne plus savoir vivre faute d'avoir trop lu*» (COTTA 1960), à «*rêver soi, rêver l'autre, et finalement n'être personne*» (CAVE 1981). Nombre d'articles reprennent ainsi une citation — prétendue? — de Cino del Duca lui-même: «*Je vends du rêve à ceux qui en ont le plus besoin: ceux pour lesquels la vie est une lutte quotidienne et sans joie*». On retrouve là la problématique platonicienne du leurre, du simulacre, qui peut s'appliquer aussi bien à l'image qu'au récit. C'est par là que commence l'ouvrage de Françoise Cave: «*La France qui lit la Presse du Cœur et qui y croit existe, j'ai essayé de la rencontrer*»....

La position du public s'énonce donc en termes de distance au texte; un public qui s'absorbe dans le texte en même temps qu'il s'en repaît, le dévore («*La mauvaise presse existe. (...) Il faut voir avec quel intérêt, dans le métro, le train ou le tramway, des jeunes filles et jeune femmes «dévorent» cette littérature avilissante*» [*La Croisade de la presse* 1948]). L'attitude est décrite comme aux antipodes de l'effort ascétique par lequel le lecteur «véritable» se constitue comme juge du texte, voire son co-créateur. C'est ce trivial appétit qui condamne les lecteurs à la basse qualité de la presse du cœur; y compris quand le roman-photo tend à s'étendre à d'autres segments de presse: «*Il est possible que certains magazines se contentent éternellement de l'ordinaire, tablant sur la boulimie de leurs lectrices, mais d'autres, déjà, s'efforcent de trouver un style*» (ULLIN 1963).

La naïveté du public en fait la proie toute désignée des émotions. Et tout particulièrement s'il s'agit d'un public féminin...

C'est que la femme apparaît comme au plus près de la nature, et donc plus éloignée des efforts de l'intellect et de l'abstraction. Elle est commandée par l'anima, incomplètement consciente donc, et porteuse de désordre (cf. DANAHY 1976): la condamnation du sentimentalisme comme premier instrument de perversion ou d'aliénation des femmes est un des thèmes les plus récurrents de ce discours critique, qui ne cesse de mettre en cause «*un public extrêmement sensible aux effets faciles des sentiments et des passions*» (ULLIN 1963), tout aux «*emportements d'un sentiment qu'on vit à l'écart de la réflexion et du raisonnement*», et dont les «*yeux embués*» ne lui permettent pas de distinguer «*cette réalité sexiste évidente*

pour qui soulève le voile aveuglant d'un amour flou» (GUERI-
NEAU 1979). Une analyse de Louis Beirnaert notamment
articule tous les motifs de la faiblesse de ce public dans le
tableau d'une presse du cœur *«symptôme d'un malaise persis-
tant chez beaucoup de femmes d'aujourd'hui. Ses sept millions
de lectrices ne seraient pas invinciblement attirées par les mirages
de l'«Amour» et les solutions factices, si elles n'étaient hantées
par les problèmes qui concernent leur nature féminine (...) Tout
se passe en effet comme si nombre de femmes abordaient les questions de l'âge adulte avec une mentalité d'enfant (...) la Presse
du cœur leur renvoie fidèlement l'image de l'univers périmé dans
lequel elles continuent à se situer. Elle leur plaît sans doute mais
elle fait le jeu de ce qui en elles ne veut pas grandir, et finalement elle les dupe...»* (BEIRNAERT 1958).

Cette proximité avec la nature — et la sauvagerie — ce
primat de l'émotion sur la réflexion se retrouvent dans l'image
de la masse, de la foule, des classes populaires dont *«les études
de psychologie sociale»* montreraient qu'elles *«constituent un
milieu social plus émotif»*, alors que *«l'occultation des capaci-
tés critiques s'obtient par l'exploitation extrême de la corde des
émotions»* (DELFOSSE 1978). Le Bon posait déjà la foule
comme suggestible, primitive, impulsive et incapable de
raisonner, de discerner la vérité de l'erreur, incapable de domi-
ner ses réflexes, d'admettre des obstacles entre son désir et sa
réalisation, comme excessivement crédule et demandeuse
d'imagination, de spectacle, et d'idées toutes faites; bref,
comme féminine, et par là allant tout de suite aux extrêmes
(LE BON 1963); et Michelet assimilait enfants, peuple et
pauvres d'esprit sous la grande bannière des *«simples»* proches
de la nature (MICHELET 1974)...

Féminin et/ou populaire, le public de la presse du cœur
est en effet conçu comme le récepteur naturel d'un récit sentimental dont l'effet est d'abord émotionnel, voire sensuel: *«les
plus deshéritées* [des sections du public féminin] *se contentent*

d'un aliment romanesque qui (...) apaise certains besoins affec-tifs élémentaires» affirme ainsi Evelyne Sullerot en conclusion de son étude de la presse féminine...

Ce primat de l'émotion se formule le plus souvent par les deux figures complémentaires de la lecture purement participative et de la lecture identificatoire. Se rejoignent ici les motifs de l'incompétence et du primat des émotions. Très généralement, l'identification du lecteur au personnage est postulée, comme s'il n'était pas besoin de s'interroger sur l'évidence de ce mode de lecture. Dans son étude de la presse féminine, Evelyne Sullerot (et avec ou après elle des dizaines d'articles) pose que la fonction d'identification dans le photoroman *«opère justement à ce niveau «économique»»* alors que la *«fonction complémentaire de projection»* s'opère *«au niveau affectif»*, sans jamais prouver le recours à ces deux notions. En somme, *«la fonction idéologique du romanphoto sentimental est évidente. Par le biais d'une identification (....) une propagande est déversée»* (*Documents et recherche lettres*, 1975)... L'évidence de ce mécanisme fonde en effet toutes les dénonciations de l'effet de la presse du cœur. On affirme généralement que les lectrices, par le jeu de l'identification, *«modèlent leur comportement sur celui qui leur est présenté»* (*Informations sociales*, 1973); cette évidence peut même conduire *La Croisade de la presse, Le Devoir national*, Marcelle Auclair, et bien d'autres, et même André Wurmser, à affirmer que les jeunes filles crédules, se confondant avec l'héroïne en attente de prince charmant, risquent de refuser le brave mari à leur portée pour préférer le rêve, avant de sombrer, qui sait, dans la prostitution, reprenant ainsi presque terme à terme l'ana-lyse que Fénelon faisait des dangers de la lecture féminine. Elle conduira de même, vingt ans plus tard, Anne-Marie Dardigna, Françoise Cave, Pascale Delfosse... à présenter des lectrices que la même attente du prince charmant maintient dans la dépen-dance à l'égard du pouvoir mâle.

Cette représentation de la lecture comme activité purement participative conduit à réduire l'intérêt des fictions
sentimentales. A l'avers, par le jeu de l'identification, elles
imposent un code de conduite, prenant «*pour les lectrices
confiantes valeur d'exemple*» (BARRY 1952), dès que l'on pose
«*qu'*assimiler *signifie nécessairement* devenir semblable à *ce
qu'on absorbe*» (CERTEAU 1980, p. 280). Au revers, elles com-
blent l'attente d'un public à la recherche d'un plaisir trivial
voire bestial, d'un assouvissement immédiat. «*La clientèle
féminine (...) cherche une évasion*» dans les magazines de la
presse du cœur «*passionnels, sensuels, d'une sensualité amère et
diffuse*» (MONDANGE 1951); une «*évasion malsaine*», précise
Marcelle Auclair. Mieux informé du contenu de cette presse,
Louis Beirnaert conserve toutefois l'image de lectrices qui,
ayant dépassé l'adolescence sans évoluer, choisissent «*évasion
et alibi*», «*se repaissent d'une littérature de compensation qui
reflète désormais leur incapacité à assumer leur destin*». Depuis
les premiers articles, les lecteurs de la presse du cœur sont
donc montrés comme livrés au goût de l'évasion; car «*il
faut bien leur donner du rêve, de l'évasion, à ces femmes!*»
(CAVE 1981). Le fait apparaît toujours aussi évident dans
un récent dictionnaire littéraire (Bordas 1984): «*la rentabilité du roman-photo repose non sur la qualité d'un récit ou
d'un style qui pourrait lui assurer un succès à long terme (...)
mais sur la nécessité de satisfaire rapidement le besoin d'évasion et de distraction d'un public populaire*».

Bref, ces lecteurs sont à la recherche de «*la seule chose
qui nous console de nos misères*» en même temps qu'elle est
«*la plus grande de nos misères*», à la recherche de ces «*guir-
landes de fleurs sur les chaînes de fer*» qui «*étouffent en eux
le sentiment de cette liberté originelle pour laquelle ils sem-
blaient être nés, leur font aimer leur esclavage*»... (on aura
reconnu Pascal, et Rousseau discourant des sciences et des
arts...).

Et quand on s'alarme de ce que «*les hebdomadaires sentimentaux déferlent par millions chaque mois sur un public qui
se repaît des plus fades chimères, demande le bonheur aux oracles
des «courriers du cœur» et fuit la vie réelle en absorbant la guimauve des «histoires vécues»*» (*La Croisade de la presse* 1952),
quand Anne-Marie Dardigna affirme (et aussi bien André
Wurmser ou *L'Humanité nouvelle*) que la lecture des romans-
photos ne demandant «*que peu d'efforts par rapport au béné-
fice qui en est immédiatement retiré: le détournement d'une
réalité dont on peut oublier un moment les mutilations qu'elle
impose*», offre, par le jeu «*d'une projection où s'engouffre l'espoir
de sortir un jour magiquement d'un vécu quotidien oppressif
et aliénant jusqu'à l'insupportable, la condition nécessaire de
l'oubli des moyens réels d'en sortir*»..., on entend évidemment
l'écho de la *Lettre à d'Alembert*, où Rousseau pose les fonc-
tions compensatoires et désamorçantes du spectacle, le mensonge d'une évasion qui séduit et fait oublier nos devoirs,
tout en minant notre sensibilité morale par le jeu de l'identification... On entend aussi toute une tradition qui depuis
le XIXème siècle ne cesse de condamner le lecteur populaire,
consommateur frivole et passif.

«*D'aucuns ont qualifié ce genre de presse de nouvel opium (...)
Le poison est au plus profond de l'être humain. Infantilisme ou
passivité, comme on voudra. Là est le mal: ces publications
contribuent à m'entretenir, moi lectrice, dans mon demi-som-
meil*» (BOULLIER 1967); c'est ainsi que *Presse-actualité* présente *Nous Deux* en 1967... Le thème est fréquent du «*douillet
sommeil de l'amour*» (DARDIGNA 1978) qui s'impose aux lecteurs, et en fait des victimes «*démunies, résignées et passive*s»
(RIGHINI 1974) de la fiction comme de la vie.

On retrouve aisément ici certaines des figures isolables dès
les premières représentations de l'écriture chez les Grecs,
la dépersonnalisation du lecteur (au temps de la lecture
orale, «*sa voix ne lui appartient pas pendant la lecture*»), et sa

passivité assimilée à celle de l'éromène (SVENBRO 1988). C'est là le point essentiel, car Svenbro montre que la honte n'est pas dans la position elle-même, mais dans le fait d'y prendre plaisir, et de céder trop souvent et à trop d'érastes.

C'est la soumission au principe de plaisir qui pose en réalité problème, le «*bonheur à la portée de toutes les bourses*» (BEAUCHARD 1953) et la «*complaisance faite à la lectrice*» (*La Croisade de la presse* 1948) par une presse qui «*leur plaît sans doute mais (...) fait le jeu de ce qui en elles ne veut pas grandir*» (BEIRNAERT 1958); ainsi, à propos du roman-photo, «*une sorte de vertige semble s'emparer de ce moyen d'expression. Fuyant son propre vide à travers le fétichisme de l'image, il libère, par des mécanismes ambigus, les forces troubles de la toute-puissance du désir dans une alarmante négation du quotidien*» (SAINT-MICHEL 1979, p. 159).

On retrouve ici la problématique byzantine du sacrilège et de la séduction, qui fonde la représentation de l'iconoclaste comme de l'idolâtre (semblablement désordonnés et impurs), c'est-à-dire de ceux qui ne savent user de l'image faute d'accepter le contrôle de l'autorité compétente (cf. MONDZAIN 1996). Et c'est ce qu'affirment tant d'articles et d'études: lire la presse du cœur, c'est choisir la régression, «*la culture primitive et la fête magique*» (SAINT-MICHEL 1979, p. 163).

Cette posture régressive du lecteur naïf et passif est généralement associée à un comportement de type compulsif: en quête d'émotion et de divertissement, celui-ci veille à éviter tout obstacle sur le chemin de son assouvissement et choisit donc ce qui confirme ses attentes et lui permet de demeurer dans l'inconscience et la proximité en n'éprouvant jamais la forme même du récit. Le conformisme moral (ou l'obscénité, selon les textes) généré / postulé par la presse du cœur s'associe à un conformisme esthétique, qui seul permet à la lecture participative de fonctionner à plein régime, et révèle l'incompétence du lecteur. Des centaines de citations seraient

ici possibles: la presse du cœur est entièrement construite
sur des stéréotypes adaptés à des lecteurs qui doivent «*se
contenter d'une même histoire d'amour filmée à tour de rôle
avec telle vedette ou telle autre, d'une même rime en «amour et
toujours» chantée sur trois notes ou quatre sans voix du tout, pour
tout contenu culturel ou artistique de leur vie d'homme*» (BRAU-
NER 1953), qui, «*de même que les enfants redemandent sans
cesse la même narration d'un conte effrayant (...) relisent sans
cesse les mêmes narrations de l'amour*» (CAVE 1981, p. 123);
il convient généralement de souligner d'un même mouvement que «*nous savons, en effet, aujourd'hui, que l'influence
la plus efficace et la plus profonde est exercée sur les être humains
par le biais de conditionnements diffus*» (COTTA 1960), dont
la presse du cœur, remarquable par son uniformité, est un des
plus puissant.

La condamnation de la compulsivité d'un public en posture passive s'allie bien sûr à celle d'une industrie culturelle
qui se construit sur la répétition afin de mieux manipuler
ses consommateurs.

Si les lecteurs peuvent après tout continuer à lire leur magazine en ne tenant pas compte de ce discours, ou en l'ignorant,
les producteurs doivent y faire face. Dès la fin des années
50, ils choisissent de composer avec les instances religieuses:
Cino del Duca clame haut et fort la moralité de ses publications («*Qu'on me cite un texte paru chez moi — je ne puis
pas tout lire — qui soit une offense à la vertu, et j'étrangle le
responsable!*» [BROMBERGER 1954, p. 210]); il repousse ou fait
censurer certains dessins de Walter Molino quand il les trouve
trop suggestifs ou humoristiques, il soumet ses publications
à l'approbation d'un ecclésiastique, il fait bientôt appel à un
chroniqueur particulièrement moraliste et conformiste, Paul
Vialar. Il réduit par ailleurs la critique qui s'est développée
dans le monde de la presse en rachetant en 1961 les journaux

du champion de la dénonciation de la «presse du cœur, du sexe et du crime», André Berthet. Dans le même temps — et parfois contre l'avis de l'autorité ecclésiastique, il édite des romans-photos néo-réalistes créés par des gens de gauche qui en arrière-plan à l'histoire d'amour placent une critique sociale voire politique; concession au discours des intellectuels et des mouvements ouvriers peut-être, mais cette fois-ci en pure perte: cette expérience n'est le plus souvent pas perçue par les critiques, ou taxée d'échec (cf. SULLEROT 1971). De même, après le rachat des Editions Mondiales par Cora-Révillon, les éditeurs lancent une campagne tous azimuts pour tâcher de persuader de la profonde mutation des titres de la presse du cœur; sans parvenir à réellement modifier l'image de ces titres, ni à séduire le monde publicitaire.

Ce désir de légitimation des producteurs, qui joue également dans les stratégies individuelles de certains auteurs (de romans, voire de nouvelles) les oblige à jouer sur deux tableaux contradictoires, et à prendre le risque de se placer en porte-à-faux et de ne gagner sur aucun. Et surtout de distendre le lien avec des lecteurs qui choisissent *Nous Deux* pour son identité, justement liée à ce qui en fait l'illégitimité; avec des lecteurs qui constituent peut-être l'illégitimité même du titre. Si les encodeurs éprouvent des difficultés à cerner, à accepter ou à respecter les attentes des décodeurs, si les décodeurs peinent à repérer les intentions ou à accepter les prétentions des encodeurs, le risque grandit qu'à terme ils n'utilisent plus vraiment le même code. De plus, avec la généralisation de l'enseignement secondaire, les enjeux de la légitimité culturelle tendent à mieux se diffuser: à terme, le magazine peut-il parler en même temps à son premier public et en conquérir un nouveau qui n'a plus la même indifférence au discrédit culturel?

Outre le jeu de la concurrence dans le champ des médias (et notamment la multiplication des médias fondés sur la fiction sentimentale), le positionnement du titre entraîne donc de multiples difficultés qui influent sur la stratégie énonciative et la production de son lectorat. Il est net que les deux périodes où les éditeurs tentent le plus de lutter sur le front de la légitimité culturelle correspondent à des chutes de l'audience du titre.

Au delà, les difficultés liées au positionnement du titre témoignent de la concurrence culturelle dans une société comme la nôtre. Car à lire les critiques de la presse du cœur, il semble bien que le discours sentimental qu'elle tient est proprement incompréhensible à ceux qui le rejettent. En ce sens, la société et son champ culturel fonctionnent bien comme «*sites de clôture du sens*», en distribuant inégalement les accès aux codes nécessaires au décodage d'un type précis de discours (MORLEY 1993). Elles éclairent crûment les «*structures de pouvoir*» qui surplombent la rencontre entre le magazine et ses lecteurs (DAYAN 1993), et participent au sens du lien qui s'installe entre eux, se réaffirme, et se renégocie en permanence.

Mais au fond, autour de quels éléments précis la lutte se mène-t-elle? L'analyse du code sentimental de *Nous Deux* a montré que sa sémantique n'a rien d'original, et que seules son énonciation et la mise en scène de sa lecture constituent sa singularité. N'est-ce pas plutôt sur le jeu de la fiction et de l'image, c'est-à-dire sur le spectacle et le divertissement, que pèse le discrédit? Ou plutôt sur l'usage «massif» ou «populaire» de ce divertissement?

Cette représentation d'un lecteur de la presse du cœur pris par la pulsion compulsive et la recherche du plaisir immédiat, inférieur à sa lecture, mu par elle sans qu'il puisse exercer le moindre contrôle, cette réduction d'un texte de fiction à sa valeur d'exemple, relèvent de la «*panique morale*» que semble générer l'arrivée de chaque nouveau médium (BRUHN et ROSENGREN, 1993). Mais la critique se maintient ici pendant presque toute l'histoire du magazine, jusqu'à sa perte relative de «popularité».

On peut interpréter cette panique comme peur de l'irruption de la technique dans le domaine spirituel, à travers la dénonciation du produit d'une fabrication industrielle (le thème qui faisait déjà florès dans la dénonciation du feuilleton au XIXème réapparaît aujourd'hui à propos d'Harlequin, notamment). Et plus largement comme refus de la médiation, de ce qui vient «*du dehors contrarier (ouvrir, «aliéner») le soliloque de l'âme avec elle-même*» (BOUGNOUX 1993, p. 23). Le débat est explicitement posé en 1965 — et, ce n'est pas un hasard, dans une revue rationaliste: «*On ne peut impunément accorder sans cesse son intelligence et sa sensibilité au registre des représentations et des émotions suggérées du dehors*» (MURY 1965). En cela, le discours panique s'inscrit aussi dans la lignée d'une dénonciation de la fiction narrative, et de l'image comme «*danger libidinal*» (DEBRAY 1992), et au cœur de l'idéologie bourgeoise des Lumières (cf. HABERMAS 1987).

On peut alors y voir une inquiétude face au lien entre la médiatisation et l'émotion. C'est la position que prend par exemple Dominique Pasquier à propos d'un objet proche à certains égards de la presse du cœur, les «séries collège»: «*avant d'être une expérience cognitive, l'expérience médiatique est une expérience émotionnelle et physique. L'émotion est la matière première des médias de masse. Ils sont même un lieu privilégié pour exprimer des émotions contenues. Et si on a toujours dénigré ces manifestations émotionnelles — ou systématiquement assimilées à de la mauvaise sentimentalité féminine (*faire pleurer Margot dans les chaumières*) — c'est parce que leur objet n'était pas socialement légitime*» (PASQUIER 1995). C'est donc l'essence même du média, qui «*façonne l'imagination des hommes*» (BOUGNOUX 1993) qui serait ici condamnée (le motif est d'ailleurs fréquemment explicité, surtout à partir des années soixante).

La critique de la presse du cœur s'inscrit donc au sein d'un discours plus général, qui jette le discrédit sur la réception des produits des médias de divertissement ou de l'industrie culturelle, «*comme si la réception changeait de nature à s'exercer à partir d'un produit moins noble*» que les créations artistiques (BIANCHI et BOURGEOIS 1992, p. 11).

Mais la logique peut être inversée. Le rejet de l'émotion médiatique de masse procède-t-il du refus de ce vecteur, de la peur de l'émotion, ou de la nature même du public, de son poids et de sa position dans le champ social et culturel?

L'obsession du nombre des lecteurs montre que cette panique devant toute nouvelle technologie médiatique est liée à l'extension du public virtuel, comme si le nombre minait la maîtrise de la réception. L'inquiétude qu'exprimait déjà Socrate dans le *Phèdre*, face au «*discours* [qui] *roule partout et passe indifféremment dans les mains des connaisseurs et dans celles des profanes*», «*ne sait pas distinguer à qui il faut, à qui il ne faut pas parler*», et «*n'est pas capable de repousser une attaque et de se défendre lui-même*» n'a fait que se renforcer à partir des XVIIIème et XIXème siècles, avec la démocratisation de l'accès aux divers médias, en parallèle avec la peur de l'influence des images, dont le pouvoir de réprésentation semble avoir été d'emblée conçu comme «*un privilège social et un danger public*» (DEBRAY 1992, p. 234).

Ces nouveaux publics sauront-ils adopter la bonne posture, l'autonomie du public éclairé, le désintéressement, la solitude et le recueillement reflets de la posture mythique du créateur? La représentation critique de la presse du cœur s'inscrit dans ce débat où «*la similitude des propos tenus sur le livre de colportage, le roman feuilleton ou le moderne roman-photo laisse penser que l'objet incriminé est la cible apparente d'attaques dirigées en fait contre une pratique populaire non contrôlée*» (THIESSE 1984, p. 51).

La «popularité» de *Nous Deux* est d'ailleurs énoncée comme une donnée évidente: dans la classification d'Evelyne Sullerot, seul le segment où il s'insère est désigné sociologiquement, sans que l'argumentation repose sur une analyse de lectorat; de même, dans l'article de Michèle Cotta, la nature populaire (et par ailleurs féminine) du public apparaît comme conséquence d'une analyse de contenu («*Que cette clientèle soit populaire, il n'en faut pas douter, même s'il paraît difficile de donner chiffres et statistiques précises (...). Mais les nouvelles parues permettent de se faire aisément une idée de la clientèle que veulent atteindre les publications de la presse du cœur*»).

Mais si «*l'histoire de la lecture a donc toujours été une histoire du pouvoir de lire*» (LEENHARDT 1987), ce tableau hypercohérent du lecteur fragile ne témoigne-t-il pas d'abord d'une entreprise de légitimation pour lequel un épouvantail est nécessaire? L'obsession du «mauvais livre» et du mauvais lecteur se développe ainsi au moment où avec le Romantisme, puis Flaubert, le champ culturel se redécoupe, au moment même où les progrès de la scolarisation et la baisse du prix des journaux et des livres ne permettent plus de faire du simple fait de lire un privilège. La réflexion même sur la «lecture littéraire» ne semble ainsi pouvoir se mener sans un envers, la lecture «naïve»: «*il n'y a pas de lecture d'un «texte» (au sens littéraire du terme) sans difficulté; (...) la difficulté est constitutive de l'acte de lecture, si celle-ci n'est pas simplement l'absorption d'un lecteur «naïf» dans l'univers d'un récit d'aventures ou d'un ciné-roman*» (CHAMBERS 1982).

Même chose pour une analyse des clichés opposant «*deux lectures radicalement différentes: l'une, naïve, qui confond vraisemblable et réalité, l'autre critique qui démonte un mécanisme et déconstruit le texte*» (AMOSSY et ROSEN 1982, pp. 49-50). Pour définir une lecture «symbolique» Roland Barthes doit en passer par cette opposition. On la retrouve aussi bien en

filigrane chez Bourdieu, où la «*disposition esthétique*» se définit comme négation d'une esthétique populaire, fondée sur
l'immédiateté, la sensualité, et pour tout dire l'animalité
(BOURDIEU 1979, pp. 28-32). La démarche est particulièrement explicitée chez Michel Picard, où la définition de la
lecture littéraire, par le transfert des catégories du *playing* et
du *game*, ne saurait aller sans un envers, la lecture aliénée
qui s'en tient au seul stade du «*lu*» passif, de «*la domination
du principe de plaisir, la compulsion de répétition dans l'en-
chaînement indéfini des stéréotypes, la régression vers le narcis-
sisme et l'oralité, avec incorporation d'objets idéaux complai-
sants, le clivage parano-schizoïde et l'incapacité à sortir d'un
univers magique où la lecture «quasi-pragmatique», l'illusion
référentielle tiennent du phénomène hallucinatoire. Bien entendu
(...) cette lecture-là s'explique par la détresse psychologique, qu'elle
entretient (...)*
   *A l'inverse, la lecture littéraire, comme toute activité artistique
authentique, ne pourrait-elle alors se définir par sa* fonction
constructive *à l'égard du Sujet (....)?*» (PICARD 1987).
   On retrouve ici tous les motifs de l'imaginaire de la lecture précédemment décrit, qui répond au tableau, tout aussi
cohérent, d'une lecture avisée choisissant la difficulté, se
construisant en déconstruisant le texte, et par-là se montrant
à même de construire le modèle même de la lecture naïve pour
mieux s'y opposer. On est bien là dans la «*fresque appelant
l'interposition héroïque de l'intellectuel entre le peuple et la culture de masse, dans un roman familial appelant l'intervention
du père contre les séductions mortifères d'un retour à la mère,
la bouée du symbolique contre un naufrage dans l'indifférenciation
de l'indiciel*» (DAYAN 1993).
   Par là, en utilisant un pouvoir d'objectivation dénié à
l'autre lecteur, l'intellectuel et les groupes militants se constituent en instances de légitimation, naturalisant leur position
ou leurs revendications de pouvoir en maîtrise symbolique.

Les instances en position intermédiaire dans l'échelle des légitimités culturelles, notamment le monde de la presse magazine, tentent par la même démarche de s'assimiler aux instances dominantes, en se séparant (violemment) de cet univers indifférencié où celles-ci menacent de les repousser.

La nécessité de construire la légitimité d'une lecture (et d'une écriture) comme «*exercice actif d'une maîtrise symbolique*» (pour reprendre les termes de Michel Picard) conduit ainsi à dessiner une lecture déclassée réduite à un comportement primaire comme par définition. Raisonnement tautologique et idéaliste, qui nomme le «populaire» de l'extérieur, repoussant sous le couvert de cet épouvantail les comportements qu'on se refuse (ou qu'on voudrait se refuser).

Si donc ce magazine peut apparaître aux yeux du chercheur comme un «symptôme», c'est bien sûr comme image de notre condition, et d'une évolution des mœurs, mais d'abord et surtout comme signe d'un processus d'exclusion culturelle.

Son cinquantenaire montre que les attentes qu'il comble perdurent, et qu'elles ne sont pas nécessairement sensibles aux logiques culturelles dominantes. Mais cette logique culturelle propre apparaît bien en position dominée; cette position fait peser une lourde hypothèque sur les ressources et la stratégie du magazine, et génère pour les producteurs des difficultés à combiner les aspirations du lectorat, les exigences de leur image personnelle, celles de la survie économique du titre, et la nécessité de gagner de nouveaux lecteurs.

On verra donc avant tout la domination dans le fait que le développement de *Nous Deux* est apparu aux yeux d'instances concurrentes voire antagonistes comme un scandale, puis un ridicule; et que cette condamnation, qui se traduit finalement en termes économiques, enferme ses producteurs dans une double contrainte telle qu'elle menace à terme sa survie. Les difficultés grandissantes qu'ils éprouvent à cerner les attentes du lectorat (ainsi, la maquette établie en 1989 après enquêtes d'opinion n'a pas rencontré d'adhésion frappante, et a d'ailleurs été abandonnée au bout de trois ans) peuvent elles-mêmes être conçues comme un signe de cette domination, les enquêteurs venant généralement du «dehors», ce qui occasionne de nombreux artefacts dans le déroulement de l'enquête comme dans son interprétation, et les producteurs, du fait même de leur formation, n'étant pas nécessairement à même d'admettre à part entière les goûts et attentes du public. Au demeurant, le déclin du titre signifie sans doute que le hiatus entre les producteurs et leur public s'accroît, mais il est également lié au fait que que ces goûts illégitimes se sont déplacés vers de nouveaux médias (de même que le discours critique se déplace vers certaines modalités du romanesque, de la télévision, et maintenant de la vidéo).

Or, comme on l'a déjà dit, *Nous Deux* est condamné au nom même des valeurs qu'il défend, au rebours du message qu'on peut y reconnaître pour peu qu'on veuille bien se donner le mal de le lire. C'est donc la mise en scène de ce message, et le mode de lecture qu'il implique, qui condamne le magazine. Ou plus exactement ses lecteurs...

Pourquoi le «peuple», et plus encore ses femmes, est-il défini comme lecteur illégitime par excellence? C'est là que ce travail voudrait aboutir: non pas tant sur l'apparition d'un discours panique à la naissance d'un nouveau média, mais sur le lien entre le populaire et cette panique. Et donc sur un problème qui se pose en termes de démocratie culturelle.

VIII

EN GUISE DE CONCLUSION...

La question initiale doit être ici rappelée: en quoi travailler sur un tel objet, qui ressortit d'un département exotique (et de plus en plus obsolète) du champ culturel peut-il bien faire sens?

Certes, la démarche fait sens pour le chercheur lui-même, non seulement parce qu'elle le construit comme chercheur, mais aussi en l'occurrence parce qu'elle le place dans une position particulière face à son objet, partagé entre la distance attendue dans toute démarche scientifique et la proximité qu'il a héritée de son histoire personnelle.

Mais en quoi importe-t-elle à la communauté scientifique?

Tout d'abord, ce travail répond effectivement aux difficultés à penser les plaisirs ordinaires.

On a donc tenté de montrer ici que *Nous Deux*, si souvent considéré comme un produit dévolu à une consommation incompétente, comme un outil de manipulation destiné à la sauvagerie originelle du peuple et de la femme, bref, comme un objet insane, fait pourtant sens pour peu qu'on veuille bien lui en accorder le crédit. Qu'il peut être envisagé comme objet d'une consommation socialisatrice, comme observatoire des mouvements de notre modernité, et comme médiateur d'un message anthropologique par lequel se formalisent l'accession à l'âge adulte et la constitution de la famille; et par là même comme réponse complexe (et ambiguë) à une demande culturelle construite et obstinée; mais une demande qui ne peut s'envisager sans tenir compte de sa position dominée dans le champ culturel, dont l'autonomie semble peu supportable «au dehors». On a donc pu montrer que *Nous*

Deux fait sens tant par son histoire, son contenu, son usage, que par l'exclusion même qui le frappe.

On a tenté de montrer ici qu'il n'existe pas d'objet simple, et que même ces plaisirs ordinaires appellent un modèle de la complexité pour être compris, et notamment pour penser les interactions de leur production et de leur réception. Pour poser aussi les questions de la «qualité» et du pouvoir d'en définir les caractéristiques. Et tout aussi bien la question de la «modernité», à partir du moment où on peut montrer qu'une esthétique «populaire» existe, vit et évolue au sein de la «société globale», qu'elle prend en compte les évolutions de son environnement et repose sur une logique construite et non pas sur l'assemblage hétéroclite de formes appauvries et démodées nées «plus haut» et plus tôt.

Ces questions ne sont certes pas propres à l'analyse de la presse du cœur. Elles semblent même particulièrement actuelles, si l'on envisage par exemple le divertissement télévisé. Ce travail revendique ainsi la description parodique que certains dressent du programme des «cultural studies»: «*Les gens dans les sociétés modernes et médiatisées sont complexes et contradictoires, les textes de la culture de masse sont complexes et contradictoires, donc les gens qui en font usage produisent une culture complexe et contradictoire*» (LE GRIGNOU 1996). Mais il a tenté de mener ce programme en tenant compte des rapports inégaux dans une société démocratique, et d'éclairer les fondements de la critique des «*textes de la culture de masse*» aussi bien que du refus du relativisme culturel.

Car par «plaisirs ordinaires», on peut entendre «divertissement populaire». Certes, la presse du cœur n'a plus aujourd'hui la place qu'elle eut hier au cœur de ce divertissement. Mais l'interdépendance étroite entre le populaire, le féminin, la fiction, l'image et le sentimental qui fonde son identité en fait un objet particulièrement sensible.

Car si la «leçon» fondamentale de la presse du cœur passe par la fiction, alors même que cette leçon s'inscrit idéologiquement au sein d'une culture humaniste, elle passe par un vecteur dont l'humanisme se défie, elle use du pouvoir de la fiction et de l'image, et donc de la portée éthique de l'imaginaire. Et il n'est pas si aisé d'envisager ce pouvoir de l'imaginaire dans un univers culturel où la discussion rationnelle est tenue pour le lieu normal de l'appréhension du réel (cf. HABERMAS 1978).

Au terme de l'analyse, la «sensibilité» de l'objet «presse du cœur» semble tenir prioritairement à la prégnance de l'imaginaire sur un public considéré du dehors comme «fragile». Dans les résistances auxquelles cet objet se heurte se lient en effet les motifs de l'iconophobie, du refus de la porosité des limites entre la fiction et le réel, de la défiance envers la distraction, et de l'inquiétude face à l'émotion, l'imagination, et la primarité du public.

Ainsi les problèmes de l'identité de *Nous Deux* et du segment de presse dont il est le parangon ouvrent des perspectives sur la définition sociale du goût et sur la marge d'expression d'une identité culturelle dominée. Le travail ici mené sur un objet exotique offre alors un moyen d'éclairer cette concurrence qui semble aux fondements de notre culture.

Car cette suspicion, cette exclusion que les instances légitimes font peser sur les publics déclarés fragiles, apparaît comme constitutive de la construction et de la réassurance de la légitimité culturelle, et notamment celle de l'intellectuel, voire de la démarche démocratique (ainsi les positions de Platon et des Lumières, et aussi bien celles des mouvements ouvriers des dix-neuvième et vingtième siècles). Mais elle peut également apparaître comme leur écueil. L'espoir serait alors d'avoir posé ici les prémisses d'une réflexion qui saurait éviter aussi bien les vertiges de la nostalgie que la pente facile du mépris; et qui n'oublierait pas qu'en affaire de légitimité culturelle, nous sommes tous compromis, que nul ne peut réfléchir du dehors, sur un sommet où il saurait se tenir hors de toute compromission.

RÉFÉRENCES BIBLIOGRAPHIQUES

«*Alerte au sentiment*», éditorial de *La Croisade de la presse*, n° 44, janvier 1952.

Chronique sociale de France, n° spécial consacré à la presse française, septembre-octobre 1950 (reproduit dans *La Documentation catholique*, n° 1089, 25/2/1951).

Combat, février 1952, article sur la presse du cœur, reproduit in *La Croisade de la presse*, n° 45, février 1952.

«En lisant les journaux féminins», *La Croisade de la presse*, n° 4, mai 1948, pp. 27-28.

«La littérature industrielle», *La Revue britannique*, 3° série, t. 2, avril 1833, pp. 227-244.

«Le mythe de Psyché», *Informations sociales*, n° 1-2 «La presse féminine», CNAF, 1973, pp. 32-40.

«La presse française», n° spécial de *La Chronique sociale de France*, septembre octobre 1950 (partiellement reproduit dans *La Documentation catholique*, n° 1089, 25/5/1951).

«Les secrets de la presse du cœur», *Regards* n° 352, août 1952.

«Le roman-photo sentimental», *Documents et recherches lettres*, n° spécial «Le monde de l'image et l'enseignement du Français» (n° 20), juillet 1975, pp. 21-23.

«Roman photo», article du *Dictionnaire des littératures de langue française*, Paris, Bordas, 1984.

«Roman photo», article du *Dictionnaire universel des littératures*, Paris, Presses Universitaires de France, 1994.

«L'usine à fabriquer de l'eau de rose», *La Croisade de la presse*, n° 31, octobre 1950, p. 87.

T.W. ADORNO, «L'Industrie culturelle», *Communications* n° 3, pp. 12-18.

Laurence ALLARD, «Dire la réception», *Réseaux,* n° 68, pp. 65-84.

Ruth AMOSSY, Elisheva ROSEN, *Les Discours du cliché*, Paris, CDU et Sedes réunis, 1982.

Hannah ARENDT, *Le Concept d'amour chez Augustin*, Paris, Payot-Rivages, 1996.

Marcelle AUCLAIR, «16 millions de magazines «du cœur» sont publiés chaque mois», *La Réforme*, n° 362, 23/2/1952, p. 7.

144   RÉFÉRENCES BIBLIOGRAPHIQUES

Marcelle AUCLAIR, «La presse du cœur, défi à la raison», conférence radiodiffusée pour l'Union Rationaliste, novembre 1954, publiée dans *La Pensée. Revue du rationalisme moderne*, nouvelle série n° 124, «Problèmes de la presse féminine», décembre 1965.

Jan BAETENS, *Du Roman-photo*, Medusa-Médias et les Impressions nouvelles, Mannheim-Paris, 1992.

Joëlle BAHLOUL, *Lectures précaires, étude sociologique sur les faibles lecteurs*, Service des études et de la recherche, BPI, Centre Georges Pompidou, Paris, 1988.

Mikhaïl BAKHTINE, *Esthétique et théorie du roman*, Gallimard, Paris, 1978.

Nicole DE BARRY, «L'industrie des magazines du cœur et la conscience individuelle», *Cité nouvelle*, 24/4/1952.

Roland BARTHES, «L'effet de réel», *Communications*, n° 11, mars 1968.

Roland BARTHES, *Le Plaisir du texte*, in *Œuvres complètes*, Seuil, Paris, 1973, pp. 1493-1530.

Roland BARTHES, *Fragments d'un discours amoureux*, collection «Tel Quel», Seuil, Paris, 1977.

Philippe BEAUCHARD, «Du bonheur pour toutes les bourses», *Esprit*, n° 206 septembre 1953, pp. 423-425.

Paul BEAUD, *La société de connivence*, Aubier, Paris, 1984.

BÉCHU ET BELLOT, «Le Photo-roman, art de masse», *Revue d'esthétique*, n° 3/4, 1970, pp. 337-360.

Louis BEIRNAERT, «La presse du cœur», *Etudes*, mai 1958, pp. 174-182.

Pierre BELLEVILLE, «Cultures et pratiques ouvrières», *Les Cahiers de l'atelier*, n° 3, juin-juillet-août 1979.

Walter BENJAMIN, «L'œuvre d'art à l'âge de la reproduction mécanique», *Ecrits français*, Gallimard, Paris, 1991, pp. 140-171.

Albert BESSIÈRES, «Que les vidangeurs me pardonnent», *La Croisade de la presse* n° 22, novembre 1959, p. 90.

Julia BETTINOTTI (dir.), *La Corrida de l'amour, le roman Harlequin*, collection Etudes et documents, XYZ, Montréal, 1990.

Jean BIANCHI, «La promesse du feuilleton: structure d'une réception télévisuelle», *Réseaux* n° 39, janvier 1990, pp. 7-18.

Jean BIANCHI, Henri BOURGEOIS, *Les Médias côté public. le jeu de la réception*, collection Fréquences, Centurion, Paris, 1992.

Luc BOLTANSKI, «La constitution du champ de la bande dessinée», *Actes de la recherche en sciences sociales*, n° 1, janvier 1975, pp. 37-59.

Daniel BOUGNOUX, textes introductifs à la partie «Approches philosophiques» et à la partie «A quoi rêvent les masses?», *Sciences de l'information et de la communication*, textes essentiels, Larousse, Paris, 1993.

Jacqueline BOULLIER, «*Nous Deux*: un million de cœurs à prendre», *Presse-actualité*, n° 37, novembre 1967, pp. 42-51.

Jacqueline BOULLIER, «1957-1967. La presse féminine: succès et déboires face à la télévision, la presse des jeunes et la presse familiale», *Presse-actualité*, n° 42, avril-mai 1968, pp. 28-37.

Pierre BOURDIEU, *La Distinction, critique sociale du jugement*, collection le sens commun, éditions de Minuit, Paris, 1979.

Pierre BOURDIEU, *Les Règles de l'art; genèse et structure du champ littéraire*, «libre examen», Seuil, Paris, 1992.

Alain Michel BOYER, *La Paralittérature*, Que Sais-je? n° 2673, Presses Universitaires de France, Paris, 1992.

Michel BOZON, François Héran, «Naissance du lien amoureux: les lieux et les rites», in Brigitte Ouvry-Vial (dir.), *Autrement*, série mutations n° 105 «Mariage, mariages», pp. 62-77.

A. BRAUNER, «Poison sans paroles», *Enfance*, n° 5 «Les journaux pour enfants», novembre-décembre 1953, pp. 407-412.

Merry BROMBERGER, *Comment ils ont fait fortune*, Plon, Paris, 1954.

Klaus Bruhn JENSEN, Karl Erik ROSENGREN, «Cinq traditions à la recherche du public», *Hermès* n° 11-12, 1993, pp. 275-301.

Dominique CARDON, «Chère Menie...». Emotions et engagements de l'auditeur de Menie Grégoire», *Réseaux*, n° 70, mars-avril 1995, pp. 41-78.

Françoise CAVE, *L'Espoir et la consolation*, Payot, Paris, 1981.

Michel DE CERTEAU, Dominique JULIA, Jacques REVEL, «La beauté du mort. Le concept de «culture populaire»», *Politique aujourd'hui*, décembre 1970, pp. 3-23.

Michel DE CERTEAU, *L'Invention du quotidien I, Arts de faire*, 10/18, Union Générale d'Editions, Paris, 1980.

Gilbert CESBRON, *Témoignage chrétien*, 2/10/1954.

Ross CHAMBERS, «Le texte «difficile» et son lecteur», in Lucien Dällenbach et Jean Ricardou (dir.), *Problèmes de la lecture*, bibliothèque des signes, Clancier-Guénaud, Paris, 1982, pp. 161-169.

Michel CHARLES, *Rhétorique de la lecture*, collection Poétique, Seuil, Paris, 1977.

Roger CHARTIER, Jean HÉBRARD, «Les imaginaires de la lecture», *Histoire de l'édition française*, t.4 «Le livre concurrencé. 1900-1950», Promodis, Paris, 1986, pp. 529-541.

Roger CHARTIER, «Textes, imprimés, lectures», in Martine Poulain (dir.), *Pour Une Sociologie de la lecture. Lectures et lecteurs dans la France contemporaine*, collection bibliothèques, éditions du Cercle de la Librairie, Paris, 1988, pp. 11-27.

André COMTE-SPONVILLE, *Petit Traité des grandes vertus*, coll. perspectives critiques, Presses Universitaires de France, Paris, 1995.

Ellen CONSTANS, «Roman sentimental, roman d'amour: amour... toujours....», *Le Roman sentimental*, t. 2, PULIM, Limoges, 1991, pp. 21-33.

Michèle COTTA, «La presse du cœur», *Presse-actualité*, n° 44, février 1960, pp. 22-31.

Daniel COUÉGNAS, *Introduction à la paralittérature*, collection Poétique, Seuil, Paris, 1992.

Michel DANAHY, «Le roman est-il chose femelle?», *Poétique. Revue de théorie et d'analyse littéraire*, n° 25, 1976, pp. 85-106.

Anne-Marie DARDIGNA, *La Presse «féminine», fonction idéologique*, FM / petite collection Maspéro, Paris, 1978.

Daniel DAYAN, «Les mystères de la réception», *Le Débat*, n° 71, septembre-octobre 1992, pp. 146-162.

Daniel DAYAN, «Raconter le public», *Hermès* n° 11-12, 1993, pp. 15-21.

Régis DEBRAY, *Vie et mort de l'image, une histoire du regard en Occident*, Gallimard, Paris, 1992.

Pascale DELFOSSE, «Photo-roman sentimental, subversion de la culture populaire?», *Revue Nouvelle*, n° 7-8, juillet-août 1978.

Jean-Louis DUFAYS, *Stéréotype et lecture. Essai sur la réception littéraire*, collection philosophie et langage, Mardaga, Liège, 1994.

Florence DUPONT, *Homère et Dallas*, les essais du XX° siècle, Hachette, Paris, 1991.

Umberto ECO, *Lector in fabula, le rôle du lecteur ou la coopération interprétative dans les textes narratifs*, Grasset-Fasquelle, Paris, 1985.

Robert ESCARPIT, *Le Livre et le conscrit*, Sobodig-Cercle de la Librairie, Bordeaux-Paris, 1966.

Evêque D'AIRE et DE DAX, *Nos Lectures* (lettre pastorale), 1954. Cité in Roger Chartier, Jean Hébrard, «Les imaginaires de la lecture», *Histoire de l'édition française*, t. 4.

John FISKE, *Television Culture*, Methuen, Londres, 1987.

Michel FOUCAULT, «Le combat de la chasteté», extrait du volume III de l'*Histoire de la sexualité*, in *Communications*, n° 35 «Sexualités occidentales», 1982, pp. 15-25.

John FROW, «Michel de Certeau & The Practice of Representation», *Cultural Studies*, vol. 5.1, 1991.

Hans GADAMER, *Vérité et méthode*, Seuil, Paris, 1976.

Sylvette GIET, «Vingt ans d'amour en couverture», *Actes de la recherche en siences sociales*, n° 60 «Images populaires», novembre 1985, pp. 17-22.

Sylvette GIET, «Nous Deux» *parangon de la presse du cœur. Transformation des formes, métamorphoses de l'amour, et évolution sociale*, Thèse de doctorat de l'Université de Strasbourg en Sciences de l'Information et de la Communication, soutenue en juin 1997.

Jean-Wolfgang GOETHE, *Les Années d'apprentissage de Wilhelm Meister*, collection domaine allemand, Aubier, Paris, 1983.

Claude GRIGNON, Jean-Claude PASSERON, *Le Savant et le populaire. Misérabilisme et populisme en sociologie et en littérature*, collection hautes-études, Gallimard-Seuil, Paris, 1989.

Clotilde GUÉRINEAU, *Le Roman-photo ou les clichés du cœur. Etude linguistique et sémiologique*, thèse pour le doctorat de troisième cycle, présentée à l'Université de Paris-Sorbonne en 1979.

Jürgen HABERMAS, *L'Espace public*, Critique de la politique, Payot, Paris, 1978.

Jürgen HABERMAS, *Théorie de l'agir communicationnel*, Fayard, Paris, 1987.

Stuart HALL, «Codage/décodage», *Réseaux*, n° 68, novembre-décembre 1994, pp. 27-39.

Antoine HENNION, «De l'étude des médias à l'analyse de la médiation», *Médiaspouvoirs* n° 20, octobre-décembre 1990, pp. 39-52.

Richard HOGGART, *La Culture du pauvre*, collection le sens commun, Les éditions de Minuit, Paris, 1970.

Philippe HAMON, «Pour un statut sémiologique du personnage», in Roland Barthes, Wolfgang Kayser, Wayne C. Both, Philippe Hamon, *Poétique du récit*, Points, Seuil, Paris, 1977, pp. 115-180.

Georges HOURDIN, «Les techniques de diffusion dans la civilisation contemporaine, presse, radio, cinéma, télévision», *42èmes Semaines sociales de France*, Chroniques sociales de France, Nancy, 1955, pp. 61-84.

Wolfgang ISER, «La fiction en effet», *Poétique. Revue de théorie et d'alayse littéraires,* n° 39, septembre 1979, pp. 275-298.

Hans Robert JAUSS, *Pour Une Esthétique de la réception,* collection Tel, Gallimard, Paris, 1978.

Hans Robert JAUSS, «La jouissance esthétique», *Poétique,* n° 39, 1979, pp. 261-274.

Yves KOBRY, «Le Langage du photo-roman», *Revue d'esthétique,* n° 3/4 «L'Art de masse n'existe pas», 1974, Union Générale d'Editions, 10/18, Paris, 1974, pp. 155-181.

Claude LAFARGE, *La Valeur littéraire. Figuration littéraire et usages sociaux des fictions,* Fayard, Paris, 1983.

Edwige LAMBERT, «Le Tango des bouchers», *Autrement,* série mutations n° 81 «L'intime, protégé, dévoilé, exhibé», juin 1986, pp. 32-36.

Gustave LE BON, *La Psychologie des foules,* Presses Universitaires de France, Paris, 1895 (nouvelle édition 1963).

Brigitte LE GRIGNOU, «Les périls du texte», *Réseaux* n° 80 «Les cultural studies», novembre-décembre 1996, pp. 107-126.

Fabien LECŒUVRE, Bruno TAKODJERAD, *Les Années roman-photos,* éditions Veyrier, Paris, 1991.

Jacques LEENHARDT, «Les instances de la compétence dans l'activité lectrice», in Michel Picard (dir.), *La Lecture littéraire,* collection bibliothèque des signes, Clancier-Guénaud, Paris, 1987, pp. 302-311.

Jacques LEENHARDT, «Théorie de la communication et théorie de la réception», *Réseaux* n° 68, novembre-décembre 1994, pp. 41-48.

Paul LESOURD, *Le Problème de la presse féminine,* éditions internationales, Paris, s.d. (1959).

Michèle et Armand MATTELART, *Penser les médias,* collection textes à l'appui, La Découverte, Paris, 1986.

Dominique MEHL, *La Télévision de l'intimité,* Seuil, Paris, 1996.

Jules MICHELET, *Le Peuple,* Champs-Flammarion, Paris, 1974.

Tania MODLESKI, *Studies in Entertainment,* Bloomington, Indiana University Press, 1986.

Jean-Yves MOLLIER, «Le roman populaire dans la bibliothèque du peuple», in Jacques Migozzi (dir), *Le Roman populaire en question(s),* Limoges, PULIM, 1997, pp. 585-598.

Jean MONDANGE, *La Presse d'aujourd'hui,* l'information catholique, éditions de l'Hirondelle, Paris, 1951.

Marie-José MONDZAIN, *Image, icône, économie. Les sources byzantines de l'imaginaire contemporain*, collection l'ordre philosophique, Seuil, Paris, 1996.

David MORLEY, «La «réception» des travaux sur la réception. Retour sur «Le public de Nationwide»», *Hermès* n° 11-12, 1993, pp. 31-46.

Gilbert MURY, «Un débat», *La Pensée. Revue du rationalisme moderne*, nouvelle série n° 124 «Problèmes de la presse féminine», décembre 1965, pp. 3-8.

Georges NAIDENOFF, «La presse féminine», *Familial Digest*, n° 26, février 1952, pp. 25-28.

Patrick PARMENTIER, «Lecteurs en tous genres», in Martine Poulain (dir.), *Pour une sociologie de la lecture. Lectures et lecteurs dans la France contemporaine*, collection bibliothèques, éditions du Cercle de la Librairie, Paris, 1988, pp. 125-172.

Blaise PASCAL, «Misère», *Pensées*, collection L'Intégrale, Seuil, Paris, 1963, p. 549.

Dominique PASQUIER, «Chère Hélène». Les usages sociaux des séries collège», *Réseaux* n° 70, mars avril 1995, pp. 11-39.

Bruno PÉQUIGNOT, *La Relation amoureuse. Analyse sociologique du roman sentimental moderne*, collection logiques sociales, L'Harmattan, Paris, 1991.

Michel PICARD, *La Lecture comme jeu*, collection «Critique», éditions de Minuit, Paris, 1986.

Michel PICARD, «Littérature / lecture / jeu», in Michel Picard (dir.), *La Lecture littéraire*, bibliothèque des signes, Clancier-Guénaud, Paris, 1987, pp. 161-169.

PLATON, *Le Banquet, Phèdre*, GF Flammarion, Paris, 1964 (traduction de Émile Chambry).

Louis QUÉRÉ, *Des Miroirs équivoques. Aux origines de la communication moderne*, collection «Babel», Aubier-Montaigne, Paris, 1982.

Juliette RAABE, «Ce roman que l'on dit rose», *Magazine littéraire* n° 331, avril 1995, pp. 60-64.

Janice A. RADWAY, *Reading the Romance. Women, Patriarchy, and Popular Literature*, University of North Carolina Press, Chapel Hill-Londres, 1984.

Paul RICŒUR, *Soi-même comme un autre*, collection l'ordre philosophique, Seuil, Paris, 1990.

Mariella RIGHINI, «L'Empire des cœurs meurtris», *Le Nouvel Observateur*, n° 490, 1-7/4/1974.

Denis DE ROUGEMONT, *L'Amour et l'occident*, collection 10/18, Union Générale d'Edition-Plon, Paris, 1972.

Jean-Jacques ROUSSEAU, *Discours sur les sciences et les arts*, Garnier-Flammarion, Paris, 1971.

Jean ROUSSET, *Leurs Yeux se rencontrèrent, la scène de première vue dans le roman*, José Corti, Paris, 1984.

Claude ROY, *Le Verbe aimer et autres essais*, NRF, Gallimard, Paris, 1969.

Sandrine RUI, «La foule sentimentale, récit amoureux, média et reflexivité», *Réseaux* n° 70, mars-avril 1995, pp. 105-119.

A.S., «L'adieu aux larmes», *Le Nouvel Observateur*, 7/11/1986.

Serge SAINT-MICHEL, *Le Roman-photo*, collection idéologies et sociétés, Larousse, Paris, 1979.

SAINTE-BEUVE, «De la littérature industrielle», *La Revue des deux mondes*, 1/9/1839, pp. 675-691.

Pierre SALMON, *La Presse et le monde moderne*, cours de l'ITEP, Paris, 1967-8, 4 fascicules dactylogaphiés.

Kim Christian SCHRODER, «Qualité culturelle: la poursuite d'un fantôme?», *Hermès* n° 11-12, 1993, pp. 95-110.

Michael SCHUDSON, «The new validation of popular culture», *Critical Studies in Mass Communication*, vol. 4.1, 1987.

Jean-Louis SERVAN-SCHREIBER, *Le Pouvoir d'informer*, Robert Laffont, Paris, 1972.

François DE SINGLY, *Le Soi, le couple et la famille*, Nathan, Paris, 1996.

Michel SOUCHON, *La Télévision et les adolescents*, éditions ouvrières, Paris, 1969 (résumé par lui-même in «Le vieux canon de 75», *Hermès* 11-12, 1993, pp. 231-245).

Evelyne SULLEROT, *La Presse féminine*, Armand Colin, Paris, 1971 (première édition 1962).

Jesper SVENBRO, *Phrasikleia. Anthropologie de la lecture en Grèce ancienne*, collection textes à l'appui, La Découverte, Paris, 1988.

Anne-Marie THIESSE, *Le Roman du quotidien. Lecteurs et lectures populaires à la Belle Epoque*, Le Chemin vert, Paris, 1984.

Tzvetan TODOROV, *Poétique de la prose*, Seuil, 1980.

Claude ULLIN, «Des photoromans dans tous les journaux?», *Panorama chrétien*, n° 80, novembre 1963, pp. 50-52.

J. VARANGUIEN DE VILLEPIN, «Le vocabulaire des romans-photos», *Grammatica*, supplément au tome XII, 1979, pp. 53-101.

Jean-Claude VAREILLE, *L'Homme masqué, le justicier et le détective*, Presses Universitaires de Lyon, Lyon, 1989.

Jean-Claude VAREILLE, *Le Roman populaire français (1789-1914). Idéologies et pratiques*, PÚLIM et Nuit Blanche éditeur, Limoges-Québec, 1994.

Eliseo VERON, «Presse écrite et théorie des discours sociaux: production, réception, régulation», in Patrick Charaudeau (dir.), *La Presse, produit, production, réception*, collection langages, discours et société, Didier érudition, Paris, 1988, pp. 11-25.

Eliseo VERON, «Les médias en réception: les enjeux de la complexité», *Médiaspouvoirs* n° 12, janvier-mars 1988, pp. 166-172.

Claire VIGIER, «La presse féminine», *L'Humanité nouvelle, organe mensuel de la fédération des cercles marxistes-léninistes*, n° 42, 23/2/1967, p. 7.

Mauro WULF, «L'analyse de la réception et la recherche sur les médias», *Hermès* n° 11-12, 1993, pp. 275-280.

André WURMSER, «Les empoisonneurs publics», *Regards*, n° 352 «Les secrets de la presse du cœur», août 1952, p. 10.

Onder redactie van • Dirigée par:
Jan Baetens, Dirk De Schutter, Koenraad Geldof.

Van Haute, Ph., *Psychoanalyse en filosofie. Het imaginaire en het symbolische in het werk van Jacques Lacan*, 1990, 182 p.

Verbeeck, L., *Franz Kafka. Portret van de schrijver als goochelaar*, 1992, 192 p.

Baas, B., *Le désir pur. Parcours philosophiques dans les parages de J. Lacan*, 1992, 219 p.

Baas, B., *L'Adoration des Bergers ou de la dignité d'un clair-obscur*, 1994, 123 p.

Baetens, J., *L'éthique de la contrainte (essai sur la poésie moderne)*, 1995, 126 p.

Lesage, D., *Namen als gezichten. Essay over faam*, 1996, 196 p.

Geldof, K., *Analytiques du sens. Essais sur la sociologie de la culture*, 1996, 173 p.

de Geest, D., *Literatuur als systeem, literatuur als vertoog. Bouwstenen voor een functionalistische benadering van literaire verschijnselen*. 1996, 232 p.

Braeckman, A., *De waarheid van de kunst. Over de rol van het ethische in Schellings romantische moderniteitskritiek*, 1996, VIII-189 p.

Cuypers, S.E., *Stoffige geesten. Essay over het materialisme in de analytische psychologie*, 1997, VIII-161 p.

Lofts, S., *Ernst Cassirer: La vie de l'esprit. Essai sur l'unité systématique de la philosophie des formes symboliques*, 1997, VIII-182 p.

De Kesel, M., *Wij modernen. Essays over subjectiviteit & moderniteit*, 1998.

Adres van de redactie:
Adresse de rédaction:

Koenraad Geldof
K.U.Leuven
Dept. Literatuurwetenschap
PB 33
B-3000   LEUVEN
Tel: 00 32 16 32 48 29
Fax: 00 32 16 32 50 68
E-mail: koen.geldof@arts.kuleuven.ac.be
Uitgever: Peeters, Leuven-Parijs

ORIENTALISTE, KLEIN DALENSTRAAT 42, B-3020 HERENT